## 作者简介

**陈春莲**　女，安徽省安庆市人，教授，中国人民大学哲学博士，长期从事高校思想政治教育的教学与研究工作。出版专著《健康精神生活研究——基于和谐社会的视野》，在《伦理学研究》、《思想理论教育导刊》、《教学与研究》等刊物上发表论文数十篇。多次获得省部级奖励。作为主要成员参加了国家社科基金项目、教育部重点项目、北京市社科基金项目、中政委调研项目等多项课题的研究，主持完成校级教改和科研课题数项。

大学经典文库

# 杜威道德教育思想研究

陈春莲／著

中国社会出版社
国家一级出版社 全国百佳图书出版单位

**图书在版编目（CIP）数据**

杜威道德教育思想研究 / 陈春莲著．--北京：中国社会出版社，2016.12

ISBN 978-7-5087-5547-2

Ⅰ.①杜… Ⅱ.①陈… Ⅲ.①杜威（Dewey，John 1859-1952）—教育思想—研究 Ⅳ.①G40-097.12

中国版本图书馆 CIP 数据核字（2017）第 014914 号

---

书　　名：杜威道德教育思想研究

著　　者：陈春莲

---

出 版 人：浦善新

终 审 人：李　浩

责任编辑：姜婷婷　陈贵红　　　　责任校对：朱文静

---

出版发行：中国社会出版社　　　　邮政编码：100032

通联方法：北京市西城区二龙路甲 33 号

电　　话：编辑部：（010）58124828

邮购部：（010）58124848

销售部：（010）58124845

传　真：（010）58124856

网　　址：www. shcbs. com. cm

shcbs. mca. gov. cn

经　　销：各地新华书店

中国社会出版社天猫旗舰店

---

印刷装订：北京天正元印务有限公司

开　　本：170mm×240mm　1/16

印　　张：14.5

字　　数：225 千字

版　　次：2017 年 3 月第 1 版

印　　次：2017 年 3 月第 1 次印刷

定　　价：68.00 元

中国社会出版社微信公众号

# 前言

思想政治教育包括思想教育、政治教育、道德教育、法治教育、心理教育等。道德教育是一个跨界范畴，它不仅是伦理学学科中的一个重要组成部分，而且是思想政治教育学科中的一个重要组成部分，是为使人们追求某种道德理想、履行某种道德责任、践行某种道德义务而对人们系统施加有组织有计划的道德影响的一种活动。在社会主义社会，在当今时代，培养具有社会主义道德的人，不仅是人的全面发展的客观需要，也是社会健康和谐发展的迫切需要。党的十八大报告指出，要“全面提高公民道德素质”，并首次提出：“倡导富强、民主、文明、和谐，倡导自由、平等、公正、法治，倡导爱国、敬业、诚信、友善，积极培育和践行社会主义核心价值观。”党的十八大以来，习近平总书记多次在重要讲话中强调要积极培育和弘扬社会主义核心价值观。在今天，思想政治教育的一个重要任务，就是要培养人们具有坚定的理想信念和高尚的道德情操，引导人们培育和弘扬社会主义核心价值观。这一任务内在地要求对人们坚持不懈地进行中国特色社会主义道德教育，内在地要求推进中国特色社会主义道德教育的改进和创新。本书拟结合当前中国人尤其是在校学生的道德实际，比较全面、系统地研究美国实用主义哲学家、教育家约翰·杜威的道德教育思想，就在当今形势下如何加强、改进和完善我国包括学校道德教育在内的当代的道德教育进行深入探讨。

杜威是近代美国一位卓绝出色的教育思想家、实用主义哲学家和心理学家。他被人们誉为实用主义的伟大匠师之一，为美国现代文化建设奠定了坚实的基础，对美国及世界的教育思想，都有着极其深远的影响。杜威既是美国实用主义哲学的代表人物之一，为实用主义哲学在美国乃至世界范围内的发展做了大量工作，同时，他也是西方教育领域包括道德教育领域最有影响的教育家之一，他的一生都非常关心和重视道德教育的发展，并系统地提出、阐述了自己关于道德教育的思想和理论，为美国和世界的道德教育的改革和发展作出了巨大贡献。杜威的道德教育思想虽然产生、发展于19世纪末至20世纪上半叶，建立在其实用主义哲学思想的基础之上，有其特殊内涵和历史局限，但瑕不掩瑜，它仍然可为全球化背景下的我国道德教育的研究提供一个全新的视角和可鉴的样本。在肯定杜威道德教育思想具有积极因素和合理之处的同时，应注重对其批判性地学习、吸收与借鉴。

本书首先通过介绍杜威道德教育思想形成的社会背景、理论资源和理论基础，分别从道德教育理念、道德教育思路、道德教育目标、道德教育原则、道德教育内容与道德教育的方式方法等方面对其进行解读与诠释，进而概述其道德教育思想的主要特征，对其进行基本评价。在此基础上，回溯我国道德教育的思想资源，阐述我国道德教育的理论基础，概述我国道德教育的探索与实践，论述我国道德教育的时代特点，并针对我国道德教育方面存在的不足之处，通过对杜威道德教育思想的审视和分析，探寻现实启示和有益借鉴，以期有助于、有益于我国道德教育构建合理目标、制定科学原则、实施真正生活化的教育内容，探索提炼出既适合个人，也适合社会的道德教育方法。多元文化背景下的道德教育，只有敢于面向世界、海纳百川，并积极吸收、融会贯通,方能正确实现东西方文化的融合和道德教育思想的互鉴。这一切,对于我们今天构建具有中国特色和时代特征的社会主义道德教育模式,提高人们的道德水平、道德修养、道德素质,培育和弘扬社会主义核心价值观,无疑具有极其重要的理论价值和非常突出的现实意义。

# 目　录
## CONTENTS

# 导 论

改革开放以来,在大力推进中国特色社会主义事业的过程中,在成功应对来自国内外各种挑战和困难的实践中,我国的政治、经济、文化等都获得了巨大的发展,取得了长足的进步。社会主义市场经济的运行所带来的生产力高速发展,既大幅度地提高了人们的生活水平,也使得社会结构发生了深刻变化,利益分配格局更加复杂。与此同时,社会生活中政治、文化某些方面发展得相对滞后,一些"道德滑坡"事件时常见诸报端,又一次次地拉低这个社会的底线、一次次地鞭笞着我们的良心。可以说,无论是家庭伦理意识的淡薄、职业道德的迷失还是社会公德的缺失,都是道德滑坡主要的体现。① 我国道德教育的主渠道——传统的通过课堂教学、以教师和教材为中心的道德教育方式虽然在不断改革,但已经越来越难以真正发挥其作用,越来越难以真正实现道德教育的目的,也越来越难以真正承载起社会及个人对其的要求。应当说,如同其他许多方面一样,我国道德教育方面的创新工作同样势在必行而且任重道远。

从 19 世纪 50 年代到 20 世纪 50 年代是整个世界大变革、大变化

① 黄凯:《社会转型期道德滑坡的原因探析》,《理论园地》2012 年第 4 期。

的百年。在这个发端于工业革命的历史性剧变过程中,生产力和经济快速发展,科学技术以人们意想不到的速度迅速地改变着人类的物质生活条件,改变着社会组织和生活形式,更重要的是改变着人们的精神生活和思想世界,改变了人类社会和人类自身。作为这个剧变社会的典型代表——美国,在享受着新生活的同时,也不得不面对社会剧变所带来的一系列社会问题。在人们对一种新的美国式的“时代精神”的强烈呼唤声中,美国著名的哲学家、教育家——杜威登上历史舞台,他的教育思想的产生和提出,在一定程度上回应了这一时代的呼唤与人们的需求,对美国社会的发展起到了相当大的积极作用,并且时至今日,仍有着不可低估的广泛的国际影响。

当今世界,科学技术突飞猛进,教育改革风起云涌,文化交流日益频繁,社会现代化的水平和程度不断提高,人们已然跨入信息社会和全球化时代。在这个大背景下,人们的思想理念、价值观念和道德行为方式等都发生了深刻的变化。当前,我国正在发展和完善社会主义市场经济。市场经济的利益原则、效率原则等调动了人们的积极性和创造性,市场经济有利于增强人们的竞争意识、民主法制意识等,推动了社会的发展和道德的进步,但市场自身的弱点和消极方面也会反映到人与人的关系上,反映到道德生活中,因而产生一些负面的影响和消极的现象,如诱发拜金主义、享乐主义、极端个人主义,引发一些人道德水平的滑坡,甚至导致一定范围、一定程度的道德危机的出现,等等。因此,如何深刻理解道德教育的内涵,如何正确看待道德教育的现状,如何完善道德教育的理论,如何加强当代中国的道德教育,这些就是我们今天面临的、亟待解决或突破的重大时代课题。道德教育作为社会上层建筑和社会意识形态,是我国社会主义先进文化和社会主义精神文明的重要组成部分,也是我国伦理学学科和思想政治教育学科的重要组成部分。坚持以马克思主义和中国特色社会主义理论体系为指导，从我国实际出发，在研究世界其他国家的先进道德教育理论、理念、思想的基础上，对其进行辩证的借鉴和科学的吸收，从而促进我国道德教育理论和实践的创新和发展，形成中国特色社会主义的道德教育模式和道德教育范式，在当前具有重要的理论意义和现实意义。

1912 年 2 月，著名教育家蔡元培先生发表《对于教育方针之意见》一文，首次将杜威的实用主义教育观引入中国。自此，杜威思想在我国的传播整整经历了 100 年。① 在我国，由于杜威曾在五四运动前后来华讲学和活动长达两年多时间，其教育思想在一段时间内广为人知、为人瞩目、影响甚大。但由于种种原因，人们对杜威教育思想的认识、理解和研究又经过了一个相当曲折的过程。很长一段时间以来，杜威的思想理论曾经被严重地误读和误解，它甚至与马克思主义一直被处于“对立”状态，这同当时的历史条件是相联系的。马克思主义作为中国革命、建设、改革的指导思想，杜威的思想理论与马克思主义当然不能相提并论、同日而语，两者有着巨大差别。但看问题不能简单化、绝对化。从一定意义上可以说，二者在产生的时代背景、思想基础等方面，在关于实践和生活的观点上，在超越西方近代思想局限性和体现时代精神等路径上，其实是有一些相似之处的。当前，面对我国社会转型、改革深化，教育包括道德教育如何进一步适应社会主义现代化建设和全面建成小康社会的发展需求，为社会发展和人的培养提供更好的支持、更多的服务；教育包括道德教育如何进一步提高公民道德水平，建设具有中国特色、时代特征、适应社会和谐发展和人的健康成长要求的道德教育体系，引导人们培育和践行社会主义核心价值观，等等，我国教育战线和广大教育工作者对这些问题需要深入思考、

① 李志强：《杜威思想在我国百年传播史的实证分析》，《福建论坛》（人文社会科学版）2012 年第 8 期。

不懈探索。思考不能囿于理论,探索不能闭门造车。今天,我们完全有必要而且也有可能正确运用马克思主义的立场观点方法对杜威的思想理论重新进行解读和探究,而杜威的道德教育思想作为西方资产阶级中具有代表性、典型性、权威性的一种道德教育思想,对我国教育包括道德教育的加强、改进和完善,无疑具有重要的参考价值和突出的借鉴意义。

# 第一章

# 杜威道德教育思想的社会背景、理论资源和理论基础概述

社会存在决定社会意识，社会意识源于社会存在。一个人的思想再深刻丰富、再标新立异，也是来源于、植根于他所生活的时代与社会，美国实用主义教育家约翰·杜威也不例外。因此，要了解杜威的道德教育思想，首先就需要了解其所处时代的美国与世界。

## 一、杜威道德教育思想的社会背景

约翰·杜威(John Dewey，1859—1952)，是美国 20 世纪著名的哲学家、教育家、心理学家。1859 年 10 月 20 日，约翰·杜威出生于美国佛蒙特州柏林顿镇的一个中产阶级家庭。这是 19 世纪的后半期，彼时，南北战争结束后的美国在各方面开始发生较大变化。比如，社会趋于稳定，经济高速发展，政治制度日益完善，科技面临着重大的转折，教育文化事业也在蓬勃发展，等等，这一切向当时的世界发出一个明确的信号，即美国正在由一个农业国逐步成为一个工农业现代化强国。

### 1. 杜威所处时代的社会变迁概况

无论是在经济生活领域、社会组织结构领域,还是在思想和文化领域,应当说,19 世纪 50 年代到 20 世纪 50 年代都是整个世界大变革、大发展的一百年。在一系列的历史性巨变中,首先要看到的是工业革命所带来的生产力的快速发展与经济的蓬勃向上的势头,是它们催生并导致了人类生存世界和社会生活的根本性改变。思想是不能脱离物质生活而完全独自发展的。在物质生活变化缓慢的年代,两者之间的关联易被忽视,而在快速变化的时代,这种关联则是显而易见的。时至今日,加速发展的科学技术所带来的生产力的大幅度提升仍在迅速地、持续地改变着我们的物质生活条件,改变着我们的生活形式和社会组织模式,由此也更深刻地改变着人类的精神生活和思想世界。由新移民构成的美国社会可称得上是当时那个时代巨变的典型代表。

独立战争后的美国,正赶上了发端于英国的第一次工业革命。那么,那时的美国是一个什么样的状况呢? 18 世纪 80 年代,刚独立的美国人口不到 400 万,5 万人以上的城市一个也没有,5000 人以上的城市只有 7 个,超过 4500 人的城市有 12 个,农村人口 370 万,国内市场小且分散,城市化尚处在起步阶段。而在 1790—1860 年间,随着工业化到美国来的移民则达 500 多万人①。工业化为美国带来新移民,而这些移民正是美国急需的劳动力,他们不仅给工业革命带来了先进的科学知识和生产技术,而且使资本主义国内市场显著扩大,对美国经济发展起了巨大的作用。同时,随着工厂制的盛行,大量农村人口涌向城市,转变为工业劳动力,使城市人口与城市数

① 姜宁:《美国纪事本末》,《世界历史》1979 年第 7 期。

目迅猛增长。有数据表明,1790 年,美国拥有 8000 人以上的大城市只有 5 个,其城市人口不到 13 万人。1820 年,城市人口占总人口的比重为7.2%。到1870 年,城市数目增至663 个,城市人口占总人口的比重为25%。城市数目和城市人口的年平均增长率分别为4.9%和5.5%。城市与城市人口的迅速增加,使美国的城市化出现了第一次高潮。① 到了 19 世纪 60 年代,可以说,美国就基本具备了比较完备的纺织业、钢铁技术以及机械制造系统与铁路运输系统,成为当时世界上为数不多的几个较早完成第一次工业革命的国家。

如果说第一次工业革命加速了美国的城市化进程,那么 19 世纪末到 20 世纪初的第二次工业革命则基本实现了美国的城市化与工业化,而这正是杜威成长的时代。以电气化为主要特征的第二次工业革命起源于美国与德国,它极大地推动了社会生产力的发展:无论是电气技术上的一系列重大发明、农业生产上的高度机械化的实现,还是交通运输业的巨大发展,以及工业化、城市化对西部地区的开发,等等,美国不仅基本实现了资本主义工业化,而且成为当时世界上首屈一指的工业强国,并逐步过渡到垄断资本主义阶段。同时,南北战争后,美国的资产阶级民主政治制度及其运行机制都得到了进一步的完善。“以共和制、代议制、联邦制、三权分立、长官选举制和文官领导军队为原则的政治框架于南北战争后弥补了原来默许南方奴隶制存在这一漏洞,进一步协调了中央集权与地方分权的矛盾、州际之间的矛盾和国家不同政策间的矛盾,巩固了资产阶级的统治……选举权不断扩大……美国成为普选制国家。”②一个逐步实现工业化和城市化的

① 杨荣:《工业革命对美国城市化的影响》,《安庆师范学院学报》(社会科学版)2002 年第 5 期。

② 元青:《杜威与中国》,人民出版社 2001 年版,第 15 页。

美国已经成为当时世界第一经济大国,这为其在第二次世界大战后率先迎接第三次产业革命的浪潮打下了坚实的基础,创造了有利的条件。

社会是一个整体,社会发展也是一个系统工程。美国社会19世纪下半叶至20世纪初所发生的这些翻天覆地的巨大变化,如同石头扔进水里产生的涟漪一样,很快便反映到、渗透到、辐射到了社会生活的各个领域、各个方面,教育作为社会生活的一个领域或一个方面,也不可避免地受到了这一大背景、大气候的影响。随着经济发展、城市增长、人口集中,对公众的综合素质和文化水平提出了越来越高的要求,面向公众的教育显得越来越重要。然而,在19世纪60年代的美国,由于历史条件的限制,只有一半的孩子能够接受到学校的正规教育,并且许多孩子只上了两三年就退学了。到1870年,美国人平均接受正规教育的年限只有4年,仍然很短。然而,社会发展的浪潮是不可阻挡的,社会发展也为人们能够接受更多教育创造着条件。就是从1870年开始,美国接受公共教育的人数开始大幅度增长,从1870年的680万,快速跃进到1880年的大约1000万,到1900年则达到1550万。与之相适应、相伴随、相匹配,公共教育的费用也迅猛增长,从1870年的6300万美元加快增长到1890年的1亿4,500万美元,到1902年达到了2亿3,400万美元。文盲率则大幅下降,从1870年的20%降低到1900年的10.7%。除南方外,差不多所有的州到1900年底都有了普及教育法,而且逐渐扩大了受教育者的年龄范围并延长上课时间。数字也许是枯燥的,但数字所反映的内容则是丰富的。从这些数字来看,应该说,在生产发展和经济变革的推动下,美国教育进入了一个空前未有、突飞猛进的高速发展时期。但是,如果对当时美国的教育进行一番深入的、客观的考察,就不难发现其自身在各方面所存在的一些突出问题或明显缺陷。实际上,接受教育人数的增加、受教育者年龄范围的扩大乃至教育经费的增长等,虽然是重要的、必要的,但对于当时美国的教育来说只不过是治"标",美国的教育更需要的是治"本",即教育的理念、观念、取向等的改革或创新,而不仅仅是治"标"。在社会日益转型、快速发展的情况下,在对待包括教育改革在内的许多问题上,人们往往容易走向两个极端:一种是不加任何思考、不经深入分析地随着社会的改变而不断改变,不去顾及最后的结果;另一种是固守传统、故步自封,抵制一切改革或改变。美国当时教育方面最大的弊病之一,就是陷于旧有的教育传统泥潭中而不能自拔,这当然是有其历史原因的。

19 世纪末 20 世纪初,美国教育如同其他方面深受来自欧洲的影响一样,受着德国教育家赫尔巴特教育思想体系的影响,形式主义比较流行,致使学校生活、课程内容、教学方法和教学模式等都极不适应当时美国经济发展、社会生活已经并正在继续发生的重大变化。这种完全受中世纪学术观念所支配的教育,主张为了达到教育教学的目的,在学校可以对学生进行严厉的约束和压制,必要时甚至可以进行惩罚。美国在殖民地时期的院校不多,只有哈佛、耶鲁、普林斯顿、哥伦比亚等几所私立院校,它们基本照搬英国牛津大学和剑桥大学的办学宗旨,讲授神学、古典语文以及其他古典学科。比如,哈佛大学建校的宗旨就是"为社会造就合适的人力,主要造就教会人士",而哥伦比亚大学则声称自己的"主要任务是教育和指导青年理解耶稣基督,热爱和服从上帝"。这些在今天看来似乎不可思议,但在当时却是"名正言顺"的。可以说,在当时的院校里,"来自欧陆的传统经院哲学和神学也有很大影响,甚至在某些时代占据美国社会思想的主导地位,例如,被公认为美国第一个重要哲学家的爱德华兹就是一位神学家。当布拉德雷绝对唯心主义在英国流行时,美国大多数哲学教授都还是神学教士,统治讲台的是德国唯心论的理性直觉主义;基于理性直觉的教条是鄙视感官经验的作用的”。① 虽然这种现象在独立战争后有所改观，但是，教育传统具有相当的顽固性、延展性，它不可能在一朝一夕内得到根本改变或完全消除。耶鲁大学有的教授甚至主张把传授具体知识技术的科目逐出教学领域，以保持学校所谓“博雅”的美名和传统。很显然，这些对院校发展、人才培养是不利的。针对这些情况，适应形势发展需要，美国国会于 1862 年通过“莫雷尔法案”，由联邦政府拨地给各州兴办农工学院，但此举并不被人们看好，旧教育的卫道士们讥讽这些学院为“放牛娃学院”。深受欧洲影响的美国旧有的一些教育传统在 19 世纪末 20 世纪初社会转型的大背景下，越发显得不合时宜。不过，社会发展的趋势是不可阻挡的。工业化的推进，大批新移民的到来，城市化的发展以及由此带来的一系列社会问题，对美国教育提出了新的要求。美国的工业化在为教育创造更好的环境条件、提供更多的物质资源的同时，也推动着院校改变其长期以来所形成的教育目的、教育内容、教育方式等。比如，大工业发展迫切需要大量具有新知识新技术新技能的产业工人，这就对美国的职业教育提出了新的挑战，促进了职业教育的改革。同时，由于大量妇女走出家庭、走向社会，她们渴望工作，加入就业大军，传统上主要由家庭所承担的教育职能便日益为学校所取代，学生在学校的时间就越来越长。而学生长时间地待在学校里引发的一个现实问题就是，他们与外部世界和社会生活离得越来越远，看起来他们在学校似乎学到了许多知识，但他们在学校所学到的许多知识在现实生活中并不一定能够得到运用。而且，随着技术的不断革新，学生们在学校里学到的知识、技术在他们走出学校、走向社会时，有一些很可能就已经落后了、过时了。这就是说，学校教育与社会生活之间、知识与运用之间存在较大的距离。在

① 刘华初：《实用主义的基础——杜威经验自然主义研究》，人民出版社 2012 年版，第 42 页。

这样的情况下，美国教育必须改革，必须重新思考自身的目的、内容和职能，重视培养学生的动手能力、研究能力和科学的思维方式，加强学校与社会的联系，从而推动社会的不断进步。因此，教育如何适应工业化社会快速发展的需要，学生如何更好地掌握有用的知识和技能，就成为这一时期美国的教育界人士和社会人士普遍最为关心的一个问题。

与此同时，新移民一批又一批地来到美国，他们的情况也是参差不齐的，他们中的许多人受教育程度并不高或者根本就没有受过什么正规的教育，大都也只能从事对文化水平要求不高的一些比较低级的工作。因此，他们希望通过教育来改变自己生活的现状，更希望学校能够给自己的孩子提供合适的教育使之有更好的发展。那么，学校如何给这些移民和移民的子女提供他们所需要的教育，使他们尽快提高受教育的程度、尽快融入民族大熔炉呢？这是世纪之交，美国各地学校教育面临的又一项艰巨任务。此外，随着城市化的发展、人口的激增，使得许多学校人满为患，无法完全满足日益增长的学生入学的需要。而且，不少学校的教学环境欠佳，硬件设施陈旧，师资水平低下，学校经常受到公众的指责。因此，社会发展对美国的教育尤其对学校和教师都提出了新的要求。要求学校应该想办法为学生提供大量的设施，要求教师必须下功夫提高自身的素质，讲授新的教学课程。与此同时，教师和学生的关系也要相应地发生变化。因为随着美国社会转型，人们的思想观念也发生深刻的变化，民主观念开始逐步树立起来，它倡导人人机会平等，人与人之间应互相尊重。这一民主观念的变化反映到教育上，就要求教师不能再像以往那样对学生进行严厉的约束和压制了，而应该与学生平等相处、和睦相待，对学生进行耐心的诱导、细心的指导，教师和学生之间的关系应变得更加具有人性化、更加富有人情味。

在社会的快速发展中,各方面的问题也不少,特别是随着贫富差距的逐步拉大,部分美国公民的道德水准出现严重滑坡的现象,这些问题引起了社会的广泛关注。人们不仅要求学校逐步扩大数量和规模,而且要求学校担负起通过教育来确立学生正确道德观的责任,提高教学的质量。事实上,这些问题都是当时流行的呆板、机械、严苛的传统教育所不能很好地解决的。因此,教育必须充分考虑到社会生活的巨大变化,教育工作者必须跟上社会发展的步伐,正如杜威所言:"教育方法和课程正在发生的变化如同工商业方式的变化一样,乃是社会情况改变的产物,是适应在形成中的新的社会的需要的一种努力。美国的教育必须走出传统教育的泥淖,必须摆脱赫尔巴特形式主义教育思想的影响,树立起适应城市工业文明的新教育指导思想。"① 这可谓一语中的。与当时经济社会的发展相伴随,美国社会的思想、文化、道德传统也面临着大转型。那么,应当如何转型,如何创造出能适应社会发展需要、道德进步需要、公民成长需要的美国式道德教育新思想,就成为摆在当时美国人面前的一个重要问题,亟待探索和回答。

### 2. 杜威所处时代的道德教育困境

应当看到,19 世纪后半期,在人们对教育的批评和教育改革的渴望中,与经济、科技的发展相适应,美国的教育在逐步改革中同样得到了较快的发展。实际上,在美国社会,重视教育是有传统的,这个传统从殖民地时代的清教领袖们就开始了。那时,基督教的"原罪说"是教育的基础,教育的目的就是使年轻一代能够顺利地阅读《圣经》;同时,学校奉行严格的纪律和惩罚;对道德问题的解决通过祈祷时与上帝的

① 【美】约翰·杜威:《学校与社会》,见华东师范大学教育系、杭州大学教育系编译,《现代西方资产阶级教育思想流派论著选》,人民教育出版社 1980 年版,第 16 页。

直接“交流”……这一时期,道德教育就是宗教道德的教育,那时,“几乎没有人会认为道德可以摆脱上帝和圣经”。① 独立战争后,随着社会环境的改变,公立学校的出现使得学校教育逐渐摆脱宗教的束缚。一代代的政治家们则把教育视为形成新型国家意识形态的首要工具,开始将教育与民主的发展、与人民的幸福联系在一起。第二次工业革命期间教育的大发展就是为了适应飞速发展的经济对劳动者素质的新要求,以便满足更细化的分工对各级专门人才的迫切需要。当时,美国的学校对学生大量开展社会、学术与职业技能的培养,而在传统学校教育中居于统治地位、核心地位的道德教育和人文学科则受到了很大的冲击和挑战。同时,由于当时美国工业革命的发展,导致社会结构变迁,社会阶层分化,移民不断增多,利益关系复杂,给社会带来了人生观、价值观、道德观整合的困难,这些情况的出现,都成为青少年德行问题发生的重要诱因。因此,美国的教育界人士、宗教界人士对这些问题都深表忧虑和不安,为应对日益面临的严重的道德问题或道德危机,他们在探索和讨论中提出了三种有代表性的教育主张:第一种主张是强化学校中的品格教育,力求保全传统价值观;第二种主张是强化信仰教育,力图以宗教道德教育来扭转时局;第三种主张是认为现代社会需要全新的社会秩序和全新的道德教育模式,即主张对教育包括道德教育进行根本的变革,这是以杜威为代表的实用主义思想家在当时的历史背景下所提出来的。

其实,早在 18 世纪初,美国教育家贺拉斯·曼(Horace Mann)、亨利·巴纳德(Henry Barnard)等人就意识到免费教育系统对公民教育的重要性。而到了 19 世纪后半期,这一目标已经基本实现了——美国入学儿童在学龄儿童中所占的比例是当时全世界最高的,中等教育

---

① 张曲兵:《试论杜威的实用主义道德教育思想》,《菏泽师范专科学校学报》2004 年第 1 期。

与高等教育也受到社会重视并迅猛发展起来。应该说,杜威本人的成长和其思想的形成也直接受惠于此。然而,杜威对之并不满足,他深刻地指出:“我们今日有的教育和民主主义的关系这一问题和百年前提供学校建筑、学校设备、学校教师和学校经费的问题是同样尖锐和严重的。”①实际上,在美国教育大发展的背后,占据统治地位的教育制度、教育理论仍在相当程度上因袭着英国以及欧洲大陆的旧传统,比如,学校要求学生死记硬背某些具有道德意义的教材,但并不明确要求学生、教师去考虑各种道德与价值的问题——摆脱了宗教权威的学校则又转向了另一个权威,即社会或文化传统。道德教育有些走样,其实质上是一种强迫儿童接受“西方道德传统”的教育。教育远远落后于时代与经济发展的要求。这种对教育改革的迫切需要呼唤着杜威实用主义教育思想的诞生,也为这一思想的形成奠定了教育实践基础。

社会的急剧转型改变着社会的面貌,使得道德教育也不可避免地受到大环境的影响,进入了一个前所未有的快速发展时期。但是,如前所述,当时的美国教育包括道德教育深受赫尔巴特传统道德教育思想体系的影响,学校的教学模式和课程设置大都与社会生活的变化存在相当的距离,甚至格格不入,这就使得美国的教育包括道德教育面临着严峻挑战。然而,“如果期望学生的事情是根据教科书或教师所布置的学校功课及学校秩序的要求,而不是通过对于学生有积极价值的工作,那就只能养成学生外表的注意与克制的习惯,但没有创造与指导的能力,也不能培养道德的自我控制”。② 这就是说,社会生活的发展,技术的不断进步,要求学校的道德教育也不断地革新。学校的

① 【美】约翰·杜威:《人的问题》,傅统先、邱椿译,江苏教育出版社 2006 年版,第 19 页。

② 梅休等:《杜威学校》,王承绪译,教育科学出版社 2007 年版,第 25 页。

道德教育必须从教育的目的、教学的内容、教育的职能、教育的方法等方面进行全方位的转变,必须注重学校和社会、知识和实践的联系,增强学生参与社会的实践能力,促进学生道德修养的提高,以使他们跟上时代前进的步伐。转型期的美国的道德教育必须顺应时代发展的潮流,走出传统道德教育的泥潭,尽快树立起能够适应城市工业文明和社会发展需要的新道德教育理念。

在社会变革的推动下,美国在 19 世纪末至 20 世纪初期进行了教育革新运动。而杜威正是在这场教育革新运动中,在他的学生家长的支持和他妻子的帮助下,于 1896 年在芝加哥大学建立了一所实验学校,一般也被称为"实验学校"或"杜威学校",开始了他的教育实验活动,这种活动推动了杜威教育理论的形成和发展。杜威试图把教育理论研究与实际需要结合起来,并于 1899 年出版了他的第一本有影响的教育著作《学校和社会》一书,这本书后来被翻译成 12 种欧洲和东方文字,为使杜威成为一名重要的教育家奠定了基础。在这本书中,杜威提出并阐述了"新教育"和"旧教育"的含义与要求。同时,在分析和论述旧教育的过程中,杜威有时也使用"传统教育"这个概念,在他那里,旧教育与传统教育大体是一回事。其实,杜威很早就表现出对传统教育包括传统的道德教育非常的不满,所以,他在许多场合通过多种形式对传统教育包括传统的道德教育进行批判,不仅论及传统的教学理念和教学内容,而且论及传统的教学模式和学校生活等。可以说,他的批判不但是比较全面且彻底的,而且是击中要害且富于理性的。

总之,杜威的道德教育思想正是这个以"南北战争"与"工业革命"为关键词的时代的产物。具体来说,它是以 19 世纪末 20 世纪初美国传统道德教育已经不适应新的社会需要因而必须改革为背景,以对传统道德教育的剖析和批判为其理论出发点的。

## 二、杜威道德教育思想的理论资源

杜威的道德教育思想与其实用主义教育思想是一脉相承的。所以,探讨杜威道德教育思想形成的资源,实际上就是探讨其实用主义教育思想形成的渊源。一个人的思想,既来源于其所处的时代和社会,也得益于其所处国度的传统观念和社会思想的潮流。对于杜威来说,前者包括了两次工业革命给美国社会带来的经济、科学与哲学的成就,后者则主要是美国的文化资源——对来自五湖四海的移民文化的独特传承。这其中,英国移民最多。因此,美国文化的传承,包括杜威道德教育思想的形成,一是来源于欧洲的哲学观念,即殖民时期的美国意识形态中占主导地位的清教主义——这是根植于美国文明深处的基督教传统;二是来源于美国本土经济发展与民族融合的生活与历史实践中所形成的思想观念。

### 1. 杜威道德教育思想的欧洲思想资源

早期的杜威相信存在所谓绝对的、永恒的真理,深深陶醉于理智的探索。后来,他又将自己的关注点、兴奋点转向美国社会现实。这期间,随着科学的发展,杜威不断从黑格尔的历史辩证观、达尔文的进化论以及留德学者詹姆斯的实用主义心理学等学说中获得灵感与启示,并经过自己反复的思考和探索,最终形成了其实用主义哲学包括实用主义教育思想。黑格尔的哲学、达尔文的进化论、詹姆斯的实用主义心理学常被并称为杜威哲学思想的三大思想来源。

(1)黑格尔哲学思想的影响

据有的学者统计,在《杜威全集》电子版中,他引用黑格尔401次,在对他影响最大的10位哲学家中排序第7。①尽管这个排序并不特别靠前，但黑格尔的哲学思想给杜威以极大启发，在对杜威思想的影响中占重要的地位，这是毋容置疑的。杜威本人就曾经说过："如果我可能成为任何一种思想体系的信徒的话，我将仍然相信在黑格尔那里比在其他任何一个有体系的哲学家那里，有着更加多的财富和更加多样化的见识。""我从来没有想忽视更不要说去否定，与黑格尔的结识在自己的思想中留下了一种不可磨灭的痕迹。"应该说，这是杜威真实想法的明确反映和坦白流露。

黑格尔给予杜威的影响可谓是杜威观念体系中的"永久的积淀"。②此话并不过分。无论杜威思想如何发展，从源头上看，由于在约翰·霍布金斯大学攻读黑格尔的辩证法和德国的理性主义哲学，杜威继承了黑格尔的辩证统一思想——这是黑格尔哲学之精髓。杜威承认，"黑格尔关于主观与客观、物质与精神、神与人的综合，并不是纯粹的智力公式：它是作为一种巨大的释放、一种解放而起作用的。黑格尔关于人类文化、社会制度和艺术的论述同样也包括关于取消一些牢固的分隔墙的论述，对我有着特殊的吸引力"。而值得注意的是，杜威在研究哲学包括道德教育等问题中所贯穿、所体现的辩证思想正是经过改造的黑格尔辩证法思想。这就是说，杜威不是仅仅继承黑格尔的哲学思想尤其是辩证法思想，而是结合新的实际对其进行了必要的扬弃。比如，他消除了黑格尔辩证法的纯思辨、先验的特征，使纯哲学的思辨具有了某种实际意义；他反对任何形式的二元论，反对教育中儿童和社会、儿童和课程、教师和学生、兴趣和训练、秉性和教养、知识和行为的对立，这些显然都是来自黑格尔哲学中"连续性"和"统一

---

① 刘华初：《实用主义的基础——杜威经验自然主义研究》，人民出版社2012年版，第281页。

② 【美】罗伯特·B. 塔利斯：《杜威》，彭国华译，中华书局2002年版，第5页。

性”思想的影响。对此，杜威本人也毫不隐讳，他说：“黑格尔思想之所以对我有吸引力，是……因为黑格尔思想补充了一种统一要求。”①这种辩证法思想在杜威那里已经消除了其纯思辨、先验的特征，他并以此来解释儿童理智和道德的发展，为自己的观点寻求某种理论根据。

除深受黑格尔辩证法思想的影响之外，杜威还接受了黑格尔的发展观及生命能动性理论，特别是黑格尔的有机整体观对杜威的影响也甚大。同时，杜威对黑格尔超验的“绝对精神”提出了批评，认为它是令人无法接受的，或者说，它是他要竭力反对的一个最大的“确定性”。这表明了杜威对黑格尔哲学思想所采取的一种审慎的态度。正如罗素所说，黑格尔哲学虽然对杜威产生了重大影响，但“这种哲学仍有它的‘绝对’，有它的比时间过程实在的永恒世界。这些东西在杜威的思想中不会有地位”。

（2）达尔文进化论思想的影响

在哲学领域，杜威经历了从崇尚绝对主义真理到信奉经验主义的转变。这个转变的关键就在于达尔文的《物种起源》。② 该书与当时流行的许多观点不一样，阐释了人类本身是从低等的生物有机体逐步进化而来的这样一个基本事实。这一新的观点，这一进化观念，在人们的观念中引起了一场革命，使人们对政治、经济乃至哲学和宗教的理解不再固守传统的观点，而都有了一个新的立足点。这意味着，在社会生活当中，起指导作用的道德价值不再是以事物的所谓的“本性”为根据，而是被创造出来的；而生活过程中并不存在所谓绝对的法规，所要遵守的法则都是在社会的进程中逐渐形成的。在杜威看来，达尔文之后的世界才是一个真正的经验世界，一个承认变化与过程的真实的世界。美国教育学者罗伯特·梅逊在《西方当代教育理论》一书中

---

① 【美】简·杜威：《杜威传》，单中惠编译，安徽教育出版社 1987 年版，第 63 – 66 页。
② 马兰：《杜威道德教育思想的理论渊源论析》，《学术研究》2012 年第 3 期。

指出:“在形成进步教育运动的思想中,达尔文思想的影响是最重要的,因为实用主义的心理学和社会哲学就是受达尔文思想的启发而产生的。”①杜威本人对此也欣然接受和明确认同,他指出,当《物种起源》对绝对永恒的神圣方舟进行抨击,把曾经认为是固定不变的和绝对的各种形式看成发生着和消逝着的东西时,就带来了一种新的思维形式,它必然改造认识的逻辑,从而改造对道德、政治和宗教的探讨。可以说,达尔文的进化论对杜威道德教育思想的影响很深刻,这主要表现在以下三个方面。

第一,达尔文关于生物体进化的思想。在达尔文看来,各种各样的生命形式都是长期持续发展的产物,都必须服从进化的客观规律。“发展”作为进化论的核心主题,不仅揭示了物种、种群、社会等发展变化的特征,而且指出了即便人本身也是发展变化的结果。杜威意识到了这一有机演化思想的重大意义。他认为,这一有机演化思想的价值远远超出了生物学和物种问题的范围,如果把这一有机演化思想引入哲学和道德领域,同样也可以认为,客观世界不是固定不变的,而是永远处于发展变化之中的,变化是世界的一个根本特征。“重要的事情是生长的过程,改善和进步的过程,而不是静止的结果和结局。……生活的目的不在于作为终极目标的尽善尽美,而在于永远持续的不断改善、不断成长、不断精炼的过程……‘生长自身’是唯一的道德的‘目的’。”在这里,改善、成长、精炼都是一种动态状况,意味着发展、变化、提升。在杜威看来,对人的行为有指导意义和引领作用的道德价值是人们创造的结果,是社会生活发展的产物,而不是以事物本身的性质为根据的,也不是从来就有、静止凝固的。任何道德准则和社会法规都是在社会的发展中、在人们的实践中逐渐形成、逐步完善的,

① 【美】罗伯特·梅逊:《西方当代教育理论》,陆有铨译,文化教育出版社 1984 年版,第 65 页。

世界上不存在绝对的、固定的道德价值标准。杜威认为,教育本身就是一个“开放”的过程,在这一过程中,没有永恒不变的价值体系,也不能把某种既定的准则当作道德的真理强加给不断成长着的儿童。

第二,达尔文关于有机体适应的思想。在达尔文看来,有机体总是存在于一定的环境之中的,而环境是不断变化的,因此,有机体必须不断适应变化的环境以达到与环境的新的平衡,才能得以生存和发展。人类是自然进化到高级阶段的产物,人类必然也是在与自然环境和社会环境的不断协调和适应中求得生存进而求得发展的。由此,达尔文得出一个重要的、合理的结论,这就是著名的“有机体适应”论,即有机体要得以生存必赖其与环境保持一种平衡。这种“有机体适应”论的思想在杜威的学术思想中得到了直接的体现。而以强调有机体的积极适应为核心的“动态心理学”,主张正反合的过程乃是不断发现并进而解决困难过程的实验逻辑,这两者又共同为杜威的道德教育思想提供了心理学和哲学的依据。杜威认为,思想是生物企图同它的环境相适应的原始努力演进的结果,道德发展本质上是主体与客体即人与社会环境的相互作用,是这种相互作用过程中主体的积极构造,是儿童在合作中不断解决道德问题的探究过程。所以,杜威主张道德发展中个人和社会的协调,强调自由选择以及合作的理智的探究。这些,应该说,都是与进化的有机适应思想有直接的渊源关系的,或者说,都是受进化的有机适应思想的启示有感而发的。

第三,达尔文关于生物发生学方法论的思想。达尔文进化论对杜威思想影响还有另外一个重要方面,就是用生物发生学的方法论作为基本的研究方法。进化论思想的重要性就像先前各种自然主义一样主要表现在方法论方面。深受进化论思想的启发,杜威从中引申出生物发生学方法的应用。他认为,研究方法的采用不应当是随意的,道德本身作为研究对象,其发展变化的性质决定了对其研究所采用的方法的性质。这就是说,研究对象是发展变化的,研究方法也应当是发展变化的。如果用静止僵化的方法去研究发展变化的事物,当然不可能取得应有的成果。因此,在杜威看来,研究人类和个体道德发展最适宜的方法,就是以"动态性""进步性"为核心的发生和历史的方法。把生物发生学作为一种方法论基础引入个体和人类道德的研究,既体现了进化论对杜威的深刻影响,也反映了杜威对进化论的充分运用。

**2. 杜威道德教育思想的本土思想影响**

从美国本土来看,对杜威道德教育思想的产生有影响的理论或学说固然不少,我们对其不能忽视,但相比较而言,实用主义大师威廉·詹姆斯的心理学思想的影响也许更大些。因此,这里主要分析威廉·詹姆斯的心理学思想对杜威道德教育思想的影响。应该说,威廉·詹姆斯的著作《心理学原理》一书,在改变杜威哲学思维的方向、形成杜威道德教育方法论思想方面有着特殊的影响。这本书不是一般的实证心理学科学著作,而是包含着丰富的实用主义思想,而这成为后来将杜威从黑格尔的绝对唯心论中拉出来的一个动力。杜威本人就曾对其学生说过,詹姆斯的《心理学原理》中关于概念、比较和推理等章节的论述,和他的《实用主义》一书相比,更好地介绍了实用主义认识论的要素。其实,不仅在认识论方面,而且在方法论方面,詹姆斯对杜威的影响都是不可低估的,甚至可以说,詹姆斯的心理学思想是杜威道德教育方法论思想的一个重要来源。詹姆斯自己曾经明确地说过,"实用主义不代表任何特别的结果,它不过是一种方法。"①这是有道理的。理论的真理性和意义不是纯粹理论的问题,而应当用它能否导致以及能在多大程度上导致的实际效果来评判。因此,确定方法的态

① 【美】威廉·詹姆斯:《实用主义》,陈羽伦等译,商务印书馆 1979 年版,第 29 页。

度“不是去看最先的事物、原则,‘范畴’和假定是必需的东西;而是去看最后的事物、收获、效果和事实”。① 这无疑就是一种重视行动的方法。杜威对此当然是认同的。就方法论上来说,人们知道,在杜威的整个思想体系中,科学方法占有极其重要的地位。杜威强调科学和科学方法的重要性,并把它视为控制人类各种事务的中心。而在道德价值领域,杜威同样运用了科学方法这一在他看来是唯一合理的方法。杜威坚信,在道德和价值观的形成中,科学方法都起着重要的作用。詹姆斯的心理学思想为杜威研究儿童道德及儿童教育提供了心理学的启示,从杜威道德教育方法论思想的形成来说,这确实是其一个重要来源。

在杜威的第二本伦理学小册子的提纲中明显地突出了心理学的探讨,这一功劳同样要归功于詹姆斯。杜威是这样来分析和总结詹姆斯对他的影响的,他指出,詹姆斯学派心理学的客观生物学的方法,直接导致了具有特色的社会范畴,特别是交往和参与的重要性的观念。我确信,从这个观点出发,我们大部分的哲学研究需要重新进行,而且一种完整的综合最终将导致一种与现代科学相一致的哲学。这种哲学是与教育、道德和宗教方面的实际需要相联系的,并成为改变旧的信念的一种酵素。我们不难看出,从“社会范畴”出发,围绕作为社会个体的“人”进行教育,这正是杜威教育思想有别于欧美传统教育思想之处。

## 三、杜威道德教育思想的理论基础

作为一位著名的哲学家、教育学家、心理学家,杜威在相关领域中

① 【美】威廉·詹姆斯:《实用主义》,陈羽伦等译,商务印书馆1979年版,第31页。

都有不少的建树，并且其各种理论观点之间是相互联系的，杜威的道德教育思想就与其哲学、心理学、逻辑学等有着密切的联系。从一定意义上讲，因其实用主义的哲学背景、现代各种学说的综合影响、进步教育运动的经验体系庞杂，使得杜威的道德教育思想成为所有这些理论的具体的运用或体现。概括地说，杜威的道德教育思想是以他的经验论哲学和实验主义伦理学为基础的，其哲学的性质是唯心主义。

### 1. 实用主义哲学

一般认为，杜威是美国继皮尔士、詹姆斯之后的第三位实用主义大师，由于他在许多方面事实上超越了皮尔士、詹姆斯，他又被看成是美国实用主义哲学最重要的一个代表人物。人们所熟知的"有用即真理"，就是杜威实用主义哲学的经典表述。通观哲学史的发展可知，以往的哲学大体上是由本体论、认识论、价值论这三部分组成的，它们分别回答是什么、为什么、有什么用这三个问题。杜威认为，不同的问题应当由哲学不同的部分来回答，比如，像"是什么"之类的问题，就应由科学而不是由哲学来解决。至于"为什么"和"有什么用"则是一个问题的两个方面。在实用主义哲学看来，人们往往是从自己的立场出发去认识事物，而认识事物的目的又是为我所用。因此，实用主义哲学否定规律的客观性，只相信人的经验，詹姆斯在其后期甚至提出了所谓"彻底的经验主义"。除了杜威之外，几乎没有人像关注詹姆斯的实用主义那样留意到其经验理论。在实用主义看来，人的经验就是真理的尺度。有用的就是真理，没有用的便是谬误。它以事物的多样性而抹杀事物的共同性，以事物的多变性而抹杀事物的永恒性，以事物的价值形态取代事物的实体形态。应当看到，实用主义哲学尽管有多种表现形式、有多种表述方式，而在实质上则是同一的，即它是一种建立在唯心主义世界观和认识论基础之上的价值哲学。杜威认为，哲学的意义在于解决实际的社会问题、生活问题。而教育问题就是当时社会面临的最大问题、当时人们所关心的最大问题。因而,他把哲学和教育等同起来,既然其哲学是价值哲学,那么他的教育哲学也就是教育价值哲学了。其教育哲学或者说教育价值哲学是为解决教育问题提供理论基础的,它们是实用主义哲学在教育领域的具体化。

杜威的实用主义哲学又被称为经验的自然主义。概括地说,它有两大基本原则:(1)经验的连续性原则。"经验"是杜威哲学中最重要的、基础性的概念,是其经验自然主义的核心要素,是他在英国传统经验主义基础上经过改造而重建的一个新概念。所谓经验的连续性,是指人最初的经验来源于"先天的能力如做事、探究的本能与环境的相互作用",但人们不会停留于此,而是要在人的一生中不断经历、不断改变各种事物在活动中获得新的经验,并将其增加到原有的经验上去以后,就会进而对儿童的经验进行改组、改造,使初步的原始的简单的经验,逐渐向充实、成熟、复杂的方向发展。杜威认为,儿童经验的改组、改造不仅有可能性而且有必要性,其主要有两点意义。第一点意义,就是通过一系列的教学活动,使儿童认识到过去未曾感觉到的事物的某些联系、各种活动的相互关系,从而"增加经验的意义"。在杜威看来,儿童通过活动所获得和增加的经验既可能是个人的,也可能是社会的,不可简单而论,要依活动的性质、内容而定。杜威主张通过大量的社会活动,甚至可通过把学校办成简化、缩微的雏形社会的方式,来使儿童获得社会经验,把个人经验与社会经验结合起来,这对于儿童的成长来说非常重要。第二点意义,是提高指导后来经验进程的能力。就是指儿童在参加某种有意义的活动时,一定要"知道他在做什么"和"预料将会发生的结果"。这样才能获得经验,这种获得的经验对于儿童的成长同样非常重要,因为它是"一种有教育意义和足以提高能力的经验",也具有开拓创新的意义。在杜威看来,经验并非毫无区别,它包括主动与被动两个方面,这两个方面的经验是不一样的。比如,在主动方面,经验就是尝试,即人们主动地去做一些事,包括人们做些什么和遭遇些什么,他们追求些什么,爱些什么,相信和坚持些什么;而在被动方面,经验就是经受结果,即人们被动地承受一些事,包括人们是怎样活动和接受活动的,他们怎样操作和遭遇,怎样渴望和享受,以及他们观看、信仰和想象的方式,简言之,纯经验的过程。前者属于心理方面,后者属于自然界。

(2)经验是有机体与环境交互作用的结果的原则。杜威的"经验"概念内容丰富,是一个包含人在内的有机体与环境及其相互作用的有机整体,其中有人、经验过程、经验情景、经验对象以及产物等要素。按照杜威本人的说法,"经验既是关于自然的,也是发生在自然以内的。被经验到的并不是经验而是自然——岩石、树木、动物、疾病、健康、温度、电力等等。在一定方式之下相互作用的许多事物是经验,它们就是被经验的东西。当它们以另一些方式和另一种自然对象——人的机体——相联系时,它们就又是事物如何被经验到的方式。"①杜威的经验观把人类经验的过程和经验的对象、把经验和自然统统包括到经验之中。这些观点在当时固然有其针对性,杜威通过对传统哲学的经验概念进行反思,批评传统哲学如古希腊哲学把经验与知识分离、近代二元论哲学把经验与自然分离的做法,试图弥合传统哲学的二元分离,在自然与经验之间、知识与行动之间架起一座相互沟通、相互作用的桥梁,从而为其所倡导的知行结合、关注日常的生活经验、重视科学实验的经验方法等奠定理论基础。但从哲学上来说,这些观点却是值得商榷的,或者说是存在一定问题的,然而,这并不妨碍杜威对这些观点的运用。根据这个原则,杜威指出,教育不能无的

---

① 【美】约翰·杜威:《经验与自然》,商务印书馆1960年版,第4页。

放矢，而必须从心理学上探索儿童的能力、兴趣和习惯开始，使他们能够与环境产生互动。

根据上述两大原则，并将其联系或运用到教育中来，杜威明确地指出："教育就是经验的改造或改组。"杜威把自己的哲学叫作"工具主义"或"实验主义"。他认为，一切思想、理论、学说、真理，尽管有其不同的功用，但归根结底，它们都是人用以应付环境、改变环境的工具，或者说，人正是因为要应付环境、改变环境才需要它们。而人的认识只不过是一种"实验"或"尝试"，即通过不断的"实验"或"尝试"，寻求行动出路的不确定的试验性过程，因而思维的作用不在于认识客观世界，而在于使自我适应环境的行为获得成效。在杜威看来，人的概念、判断并不是对客观对象的认识或反映，而是人们用来适应环境的手段或工具。这样，杜威便把科学理论归结为经验，把真理看作认识的工具了。反之，也就把经验看作是科学理论，把"有用"或"有效"等同于真理了。实际上，这又转到不可知论的方面去了。这是杜威本人所始料未及的。因此，杜威认为，人的认识就是一个不断变动的、未完成的、不确定的和有疑难的经验过程。在这里，关键是经验。人的思维就是在疑难的情景中产生，以获得经验并成为改造和指导人的活动的工具。如果没有经验，一切将寸步难行。事实上，人们就是通过这种经验去思维来寻求使自己通向世界的道路的。这样，注重经验的积累，提供疑难情景训练对疑难问题的解决和批判性思维的技巧，在杜威的学校教育计划中就占有特别重要的地位。

杜威的以实用主义哲学为基础的"境遇伦理学"是其道德教育思想的伦理学基础。在杜威看来，在社会生活中，价值是存在的，价值的存在是依赖于一定的情境的，它取决于是否符合这个情境的需要和要求。如果符合情景的需要和要求，才可能说是有价值的；反之，如果不符合情景的需要和要求，就不能说是有价值的。因此，道德的本质不是其他,而是个体适应环境的工具。杜威认为,经验即是生活,生活的特征就是适应环境、应付环境,每个人生活在世界上,时刻都要适应、应付各种不同的环境,解决各自面临的许多疑难问题。在道德上,人的道德生活同样体现在人的道德经验中,体现在人与环境相互作用过程中如何进行的道德选择。道德不是虚无缥缈的,在道德指导下的行为应当是可测可评的,一种行为是否为善或在多大程度上为善,完全取决于这种行为在实际的情境中能否见效果、能见多大的效果,能否满足人的需要、能在多大程度上满足人的需要。因此,没有固定不变的、永恒的道德,道德是依情境的不同而不同,随需要的变化而变化的。不存在普遍的道德真理和绝对的道德教条,只有那些在实际行动中被证明是有用的、确实合乎需要的原则和准则,才能有效地指导人们的行为与学校的道德教育,也才能进入学校的教育和课堂的教学之中。因此,学校的任务不是要向学生教授或传递无任何实际意义的那些所谓的普遍原则或道德法则,而是要引导或帮助学生借助自己的理智,在具体的道德情境中选择获得实际的道德经验,并鼓励学生在实际情境中去积极地运用这些经验、检验这些经验。

**2. 价值论**

杜威的价值理论既是其道德理论的一个理论基础,又是其道德理论的一个组成部分。如同在哲学中讨论问题一样,如同对教育的根本看法一样,在价值论上,经验同样是杜威所关心的。由于经验不是本来就有的,而是主体与环境的不断的相互作用,因此,价值的形成便是一个过程,即一个逐步生成的过程、逐步发生的过程,是这种相互作用中道德经验的积累和改造。在杜威看来,传统的价值理论之所以不能被认同、不能被接受,就在于它首先设置了一个固定的、绝对的价值目标,并把对这一绝对价值的追求视为衡量个体行为是否为善的唯一标准。如果个体追求这一绝对价值,其行为就是善的;如果个体不追求这一绝对价值,其行为就是不善的。而追求这一绝对价值,也就意味着对它的认同和服从。因此,在传统的价值理论看来,人们的唯一善行就是服从。杜威对此不以为然。因为,在杜威看来,如同人们对真理的构造一样,人其实也是自己价值的构造者。价值从根本上说来源于我们的经验,而不同个体的经验是不同的至少是有区别的,所以,价值就不是绝对的而是相对的。它由具体的环境或情景来决定。也就是说,"道德适应环境而产生,某种道德与某种环境为善,对于他种环境又不然"。不存在什么绝对原则,也没有什么人们可以依靠的绝对原则,一切道德和美学准则都在文化发展过程中变化或变异。当然,强调价值的相对性,强调道德的相对性,并不是说道德本身不可捉摸,道德不能为人们所认识和把握,而是指没有一种特定的道德戒律可以是人人必须遵守的,也不能用一种特定的道德戒律来要求所有的人。人们应当在困难的境地中,根据自己的实际情况作出道德的决定。人们以确立他们思想真实性同样的方法来确立自己的价值观,他们运用理智恰切地考察各种环境、各种问题,并选择看来是最有可能解决这一问题的价值。这样,价值就不简单地是预先确定或由权威强加给我们的,而是个体自身凭借理智选择来的或在公开讨论后达成的一致的价值观,在这个过程中,充分地体现了主体的主动性、能动性、创造性。从其实用主义哲学出发,在认识论方面,杜威强调判断真理的标准是"有用"。在价值论方面,同样如此。他认为,实施某个伦理原则时发生的结果应当是衡量这个伦理原则的根据。所以,伦理原则的确定是一种试验,试验的结果将是决定伦理原则去存的唯一根据。因此,任何伦理原则都要经过试验才能确定去存,没有什么伦理原则是绝对的。所谓伦理原则或道德的善,就是指通过试验导致人们所期望的后果的那种方法的保留。但要注意的是,在杜威看来,按照行为的结果是否有用来衡量伦理道德的标准,同那种认为"对我有用即是善"的享乐主义是不同的。在这里,关键是要把握好"有用"的内涵。所谓"有用",并非是对我个人有用,而是对全体人有用。主体不一样,结果就不一样了。所以,判断道德的标准不是对个体的效果而是对公众的效果。人们是在行为的社会背景和公众的效果中发现正确的道德行为的,人们也应当据此去践行正确的道德行为。杜威的这个看法对人们正确理解他的观点有帮助。

正如运用科学方法解决教育问题一样,杜威也是运用科学方法解决价值问题的。杜威承认,伦理道德等社会问题有其特殊性,它们同自然科学问题不同,它们不能用试管、烧杯等在实验室中去"检验结果"。但是,杜威认为,两者仍然具有一些相同的原理,也遵循着大体相同的过程。在他看来,如果把历史看作一个巨大的人文的"试管",那么,就像在实验室中获得自然科学的真理一样,人们也是用科学的方法在经验中获得价值,获得社会问题的答案的。因为人们一开始通常面临的都是一个不确定的、有问题的情境,而价值形成的过程,社会问题解决的过程,也就是通过探究,把一个有问题的情境变成了一个解决问题从而达到了目的的情境的过程。如果说科学方法就是探究的方法,那么,整个价值获得的过程就是一种探究的过程,凡有价值的地方就有探究的因素,凡是探究方法的运用就是针对价值的获得。因为要形成一个目的和追求这个目的,就要采取各种恰当的方法和行动以满足现有的需要,补充现有的缺乏,解决现有的冲突。因此,价值教育的根本问题是创造、发现而不是接受。这个观点是值得人们思考的。

### 3. 生物化的本能论心理学

杜威认为,心理活动的实质就在于有机体出于一种本能的需要,而采取一定的行动来适应环境,从而满足自己的需要。那么,人有哪些本能呢?在杜威看来,人主要有四种基本的本能,即制造本能、交际本能、表现本能和探索本能。由这四种基本本能的需要产生了人的四种主要兴趣,即制作、语言、社交和艺术表现与探索发现的兴趣。从这些本能到需要再到兴趣,为人们提供了学习活动的心理基础和动力。可见,杜威所强调的"做",基本上是指基于生物本能需求的一种"活动",甚至就可以叫作"本能活动",人人有之、生而有之,与唯物主义所理解的社会实践活动是有本质区别的。这种心理学也叫"机能主义心理学"。机能心理学是 19 世纪末 20 世纪初出现于美国的一个心理学派,它代表了当时美国心理学的主流。在达尔文进化论的影响和詹姆斯实用主义思想的推动下,机能心理学主张心理学的研究对象是具有适应性的心理活动,强调在人类的需要与环境之间意识活动起重要的中介作用。杜威认为,心理的研究对象在于研究意识的机能或功用,而不仅仅是研究意识的内容。用杜威的话来说,就是心理学家应关心的是整个心理的协调作用,而反对心理学内的元素主义。杜威认为,他的教育、教学论的心理学依据就是这种生物化本能论的心理学,教育的任务就是要按照儿童本能生长的不同阶段供给他们适当的材料,促进其本能需要的表现与发展,进而激发其兴趣。

# 第二章

# 杜威道德教育思想的解读与诠释(上)

教育是一个大范畴,道德教育是教育的一部分。在杜威看来,道德教育就是德育,德育在教育中占有重要地位。他说:“道德是教育的最高和最终的目的。”“道德过程和教育过程是统一的。”从这个意义上,杜威极力推崇道德,甚至强调道德才是推动社会前进的力量。而在道德教育的实施方面,杜威思路清晰,他首先主张“由活动中培养儿童的道德品质”;其次是要求结合智育达到德育的目的;再次,他很注重教育方法的道德教育作用。杜威有关道德和道德教育方面的论著很多,主要有:《民主伦理学》(1888)、《伦理学批判》(1897)、《伦理学》(与塔夫茨合著 1908)、《教育上的道德原理》(1909)、《哲学的改造》(1920)、《民主主义与教育》(1929)、《旧个人主义与新个人主义》(1930)、《价值理论》(1939)、《人的问题》(1946),等等。杜威在这些著作中对道德教育问题提出了许多观点、作了比较全面的论述,这些观点和论述具有一定的创见性和对现实的指导意义。

从总体上看,杜威道德教育思想的最大亮点在于其对传统德育内容的突破与超越,其方法论上的创新对我们也有很大的启示。下面,本章和下一章将分别从其道德教育的理念、思路、目标、原则、内容、方法等方面,介绍和阐述杜威道德教育思想的主要内容。

## 一、关于道德教育的理念

理念是实践的引领,思想是行为的先导。要解析杜威的道德教育思想,首先要了解其实用主义教育哲学思想。作为教育大家,杜威一生做过很多次关于儿童教育的演讲,并且可称得上是著作等身。与传统教育思想相比,杜威的教育思想紧贴生活实际、关注受教育者,具有鲜明的时代特色和重要的指导意义。在其《民主主义与教育》一书中,我们可以看到杜威关于教育的基本观点:教育即生长和生活,教育即经验的改造。教育的目的就是生长,除此之外没有别的目的;教育的过程就是生活过程,教育与生活不可或分。正是在这样的思想指导下,杜威又明确地告诉我们,教育是一种生活需要。教育是解放个体的一种途径,是帮助个体朝着恰当的个人和社会目的持续不断地生长的途径。

在杜威看来,无论是在文明的近代城市还是在古老的野蛮部落中,生命体与无生命体之间最明显的区别,就在于前者以更新维持自己的生命。“每个社会团体的成员都无法避免地会面临出生与死亡,这就决定了教育的必要性。”①怎样理解这句话呢? 其实,在杜威看来,教育是一种生命的传递,而生命则“是在与环境的互动中自我更新的过程”。尽管“生命体不能胜任无限期的自我更新任务,但是,生活过程的延续不依靠任何一个个体生命的延长”,因为任何人都有终年,谁都不可能将知识永远地带在身上,而后来者的生活、成长又都需要知识,所以,从生命的传递、从代际的更迭来看,势必需要通过教育,将上一代的知识传给下一代。“一方面,群体存在着不成熟的新成

① 赵祥麟、王承绪编译:《杜威教育论著选》,华东师范大学出版社 1981 年版,第 143 页。

员——他们是未来唯一的代表,和成熟的成年成员——他们掌握群体知识和习惯。另一方面,这就需要这些不成熟的成员不仅仅要在形体上保持必要的数量,还要接受成熟的成员在兴趣、目标、信息、技能和实践上的教导。否则,这个群体的特有的生活将被终止。"这个传递和教导,就是个体与社会生长的过程,也就是教育的由来。

### 1."学校即社会"

杜威对当时的学校教育极为不满,他认为,"从道德方面讲,目前学校教育最悲惨的弱点是试图在一个社会精神极度缺少的环境中为社会秩序准备未来的成员"。针对这一问题,杜威提出了"学校道德的三位一体"说,即通过学校生活对学生进行道德教育,学生可以在学校生活中,在与其他学生的逐步交往中,形成自己的道德观念。这几个方面是可以统一的。但要将这几个方面统一起来,学校就不能封闭办学、关门办学,而必须是一个简化的社会,学校生活必须与社会生活紧密联系在一起。与此相应,学校道德与社会道德也并不是相互割裂的,而是内在统一的,学校道德教育应该用它的社会价值来衡量。

在对学校教育进行改革的前提下,杜威把道德教育放到了美国的校园环境当中,主张在学校中进行道德教育。杜威认为,不能仅仅局限于学校的工作计划和专业课程来对学生进行道德教育,这样太狭隘、太单薄了,而应该在每周五天中,通过各种活动、利用各门课程,每日每时每刻都在对学生进行道德教育。因为仅仅依靠道德的专门训练来进行道德教育,不仅在数量上是比较微小的,在影响上也是微不足道的。为此,杜威提出了在当时乃至于在今天的道德教育中仍具深刻意义的命题:"通过学校生活的一切媒介、手段和材料,更大范围地、间接地和生动地进行道德教育。"要对学生进行道德教育,学校首先应提供对学生进行道德教育的有利场所。儿童的生长和教育不能脱离社会。这就如同一个人仅仅在陆地上练习游泳所需的各种动作,在水中仍只有沉没一样。因此,学生如果不能在学校中接触典型的社会,他们将无所适从,不能适应任何生活岗位。所以,学校应为学生提供社会生活的材料,或者说,学生在校期间就应当体验社会生活。当然,学校的特殊性、学校道德教育的特殊性,决定了学校不能完全等同于社会。那么,学校应当怎么办呢?杜威认为,学校应是:其一,把错综复杂的社会环境加以简化和整理,选择能为青少年接受的内容,然后建立一个循序渐进的秩序,让儿童逐渐了解复杂事物,达到生长的目的。其二,把现存的社会风俗纯化和理想化,尽可能排除现存环境中无价值的特征。其三,由于每一个儿童接触的日常范围有限,学校应当尽可能地创造一个比青少年任何自然时可能接触的更广阔、更美好的平衡环境,使儿童在一个典型的小社会中受到反映社会生活各方面的事物的影响。在杜威看来,当学校能在这样的一个小社会里引导和训练每一个儿童成为社会的成员,用服务的精神熏陶他们,并赋予他们有效的自我指导的工具时,学生就不同于传统教育下的那种状况,而将从最广泛最自由的角度适应并担负起对社会的责任。杜威的观点是很有道理的。

杜威强调,在社会转型的大背景下,学校一切教育的根本目的都应在于如何促使学生"社会化",而道德教育并不例外,同样如此。学校道德教育的主要目的,在于培养学生形成社会合作的理念和参与社会生活的生存能力。既然这样,即便学校范围、学校环境作了较大的改变,但仅仅局限于学校范围、学校环境来对学生进行道德教育就远远不够了,学校道德教育的主要方式应该提倡"学校即社会"的这种社会化道德教育方式,要通过组织学生直接参与社会生活实践,使学生在社会实践中接受道德教育,力求使学校生活成为社会生活和儿童生活的契合点。因此,杜威提出"学校即社会"的观点,这就是说,学校即社会,社会即学校。他主张把现实社会生活中的一些东西组织、运用到教育过程中去,把学校建设成为一个“小型的社会,雏形的社会”。学校在利用活动性课程教学进行道德训练时,应充分体现社会精神和社会生活。同时,学校还要尽可能地组织学生走出校门,参加社会实践。使得通过在学校的训练和参与社会生活实践,每一个学生都可以适应实际的社会生活环境并可以承担起更多方面的责任。应该说,杜威的这个观点无疑是深刻的。

杜威认为,“社会群体每一个成员的生和死的这些基本问题的不可避免的事实决定教育的必要性”。杜威对教育的重要性、必要性的强调,角度颇新。他把教育分成两种,一种是在和别人共同生活中得到的教育,另一种是人们对年轻人有意识的教育。这两种教育有所不同,前一种教育是偶然的教育,后一种教育是正规的教育,学校则是进行这种正规教育的机构。面对当时工业化的发展趋势,杜威认为,只有当学校本身是一个小规模的合作化社会的时候,教育才能够为儿童将来的生活做准备。他把教育看作是一种社会过程,把学校看成社会生活的一种形式,学生接受教育就是在过社会生活,就是社会化的一个过程。因此,在杜威看来,校内的学习和校外的学习不应该分割开来,而应该连接起来,并且两者之间应该有自由的相互影响,社会影响学校,学校也影响社会。学校一旦与社会隔离,学校里的知识就不能够应用于生活,更不能够对道德产生有利的影响。所以,杜威反复强调学校不是脱离社会生活的,也不仅仅是专门学习功课的场所,而更应该是一个雏形的社会团体。为了避免学校正规教育和真正生活的脱离,杜威提出了他的改造方案。他认为,学校教育在教学能通过符号的媒介完全地传达事物和观念以前,必须提供或创造许多真正的情境,个人参与这个情境,有助于领会教学材料所传达的信息和意义。这可以从两个方面来看。从学生方面来看,他们通过这样的教育所获取的经验本身是有价值的，是深刻难忘的；而从教师方面来看，这些经验就像教材一样是一种教学的手段，它们还可以在教学中继续发挥作用。这样，作为社会机构的学校的首要职责，其实就在于为学生提供或创造一个雏形的社会。要形成这个雏形的社会，就需要将复杂的文明分成许多部分，选择其中最基本的并能为青少年所接受的某些部分，然后循序渐进地用他们先学会的东西，来帮助他们进一步了解掌握以后要碰到的比较复杂的东西；就需要建立一个比较净化的活动环境，排除真实社会中的丑陋现象，抛弃那些“无关紧要的东西，就是留下的废物以及确实是邪恶的东西”，选择最优秀的东西为自己所用；就需要创造一个更加有利的环境，使每一个人都有机会与广泛的社会群体接触，以此来抵制因不同种族、宗教和风俗习惯的群体而产生的离心力。杜威之所以如此重视、如此推崇“学校即社会”，是因为他清楚地看到了社会生活对学生成长所具有的重要作用，也清楚地看到了学校教育对社会秩序所起的稳定作用，他把学校看作是培养学生具有一定的社会精神的主要场所。在杜威看来，学校如果能把自身改造成一个有利于学生成长的小社会，如果能在这样的一个小社会里引导和训练每个儿童成为社会的合格成员，这将是对构建一个有价值、可爱而和谐的大社会的最好保证。反之，如果学校不能成为一个雏形的社会，学校教育就不能为学生承担社会工作做准备，就不能在学生身上培养渗透一切的社会精神，学校不健全、学生不合格，那么，社会也就失去最好的保证了。杜威认为，学校教育要始终致力于为现代社会培养人才，具体讲，学校应该培养具有现代文化科学知识和生产技术、适应社会需要的新人，要反对学习脱离社会生活的静止式的或冷藏式的知识。杜威主张学校所有的课程计划都要加以改造，要充分考虑到如何让课程适应现在社会生活的需要，教学选材的时候也要以改进生活为目的。学生要学习的东西应当是那些能扩大他们眼界的、发展的东西,而不是五十年前就被认定为一成不变、至今仍未有什么变化的东西,也不是由一个老师所片面地认为要学的东西。杜威的这些看法,当然是有感而发的。

杜威认为,学校应建成为其本身就有社会生活的社会机构,应能代表真正的社会生活,但现实生活中学校与社会生活是脱离的。他对此进行了梳理并提出了具体的批评。其一,学校对学生习惯的培养与现实的社会生活是脱离的,这其实是“不折不扣地在岸上通过做动作教儿童游泳”。虽然学生也接受了一些训练,但并没有具备其相应的能力。其二,由于与社会生活脱离,道德训练也成为形式化的、专横的。学校强调培养学生的道德习惯看起来是特地制作出来的、为使学校工作继续下去而需要的习惯,不能使学生看到校内道德要求在广泛社会生活中的必要性,当然也缺乏学习培养的内在动力。其三,学校的道德训练是比较消极的,其重点在矫正错误行为;教师关心学生的道德生活,只是警惕他不遵守学校的规则而可能遭受惩罚。这些问题应当加以解决。在杜威看来,准备社会生活的唯一途径就是进行社会生活,舍此别无他途。而要养成良好公民、共同生活的参与者,学校生活必须与社会生活相对接、相结合,成为真正的社会生活,为此,一方面,要打破学校中的小团体,使之难以存在,使学校生活基于共同的利益。另一方面,要从规范管理训练方面入手,儿童参与学校的管理,建立立法、司法、行政的机关,制定法律,开展选举等,“使他对于规则,不仅死守,还要懂得这种规则有什么意义,使他自己维持秩序,不使规则被少数人把持”。总之,学生在学校里必须认识、具备的义务与责任,不应只是学校的要求,而应当是共同参与的社会生活的需要。学校本身应成为一个“具体而微”的共同生活的社会,学校生活的一切媒介,都能有利于促进发展学生有效地参与社会生活的能力,都应当是道德的教育,或者说,都包含着道德的意蕴。只有这样,“学校的生活,才是一个活的社会生活;学校内养成的儿童,才是一个懂得社会需要,能加入社会做事的人物。他们组织的社会国家,才是一个兴盛的社会国家”。

**2.“教育即生长”**

“教育即生长”是杜威的基本教育观点之一。他明确指出:“教育就是各种自然倾向和能力的正常生长。”该命题的基本含义是:教育是儿童本能的能力不断生长的过程,教育者必须为儿童的生长提供必要的条件。杜威受到卢梭关于教育适应自然思想的影响,并运用生物学的“生长”概念加以发挥,赋予其更加丰富的教育内涵。

杜威认为,“教育就是不断生长,在它自身之外没有目的”。杜威在《伦理讲演纪略》中说道:“道德就是学,就是生长。”人刚生下来的时候,不会说话不会行走,所以,只能不断地学习,学的即是前人的经验和教训。而生长既是肉体的成长,也是精神观念和知识能力的生长。杜威主张教育无教育过程外的目的,却明确承认教育内的目的——生长。他对此作了具体说明。所谓生长,就是朝着后来结果的行动的累积运动;生长不是无根据、无条件的,而是有根据、有条件的,其首要条件是未成熟状态,“未成熟状态就是指一种积极的势力或能力——向前生长的力量”。“生长,或者生长着即发展着,不仅指体格方面,也指道德方面。”甚至可以说,“只有生长自身才是道德的目的”。可见,在杜威那里,“生长”这个概念的内容是比较丰富、比较全面的。而“生长”成为道德的目的,主要有两方面的涵义。其一,杜威认为,任何在儿童道德成长过程中的外在约束都是必须反对的,因为这些外在的任何约束都将是对儿童“本能”,即儿童生长发展所构成的最原始基础“有效冲动”的压抑。其二,杜威认为,道德发展不是一蹴而就的,而是连续不断的,它是一个过程,在这个过程中,不存在任何外在的终极目的,诚实、勤勉、节制、公道和健康、富有、学问一样,如果作为固定的目的看,虽似可以占有,实则并非可以占有,因为这些在不断变化发展中,人们在不同阶段对它们的认识和看法并不完全相同。可见,在杜威的思想中,他更看重儿童内在生长的过程,认为儿童内在生长过程重于生长的实质和结果,而且儿童的生长过程是无限的。如果儿童为了身外的地位而竞争,为遥远的未来作准备,为对他们很少意义甚至毫无意义、模糊、不确定的未来名义而努力,那么,除了造成儿童能力和活力上的浪费外,还膨胀了儿童强烈的个人主义欲望。杜威所提倡的无任何社会约束,无外在终极目的的儿童道德的"生长",是指不要简单地用一些条条框框来约束儿童,不要用一些虚无缥缈的东西来诱导儿童,应注重儿童的社会精神、自我服务能力在现实活动中的不断增长。世界上并不存在永恒不变的道德规范,也不存在一成不变的行为准则,人们由于种族或生存的需要对于某些抽象道德的追求具有恒久如一的特性,但对于它的表现方式及其评价却不是凝固不变的,而因时间而变化。也就是说,儿童在未受教育之前就有一种天生的本能、性情、冲动,它们是天赋的资源,也可以说是未投入的资本,对这些"资源"或"资本",要倍加珍视、细心呵护,因为儿童生动活泼的生长,依靠这些天赋资源的运用。儿童的本能和能力为一切教育提供了素材,并指出了起点,问题在于能否在教育中意识到这一点,把握好这些素材,这对儿童的教育和培养至关重要。正因为如此,杜威说,唯一的真正的教育是通过对儿童能力的刺激而来的。

杜威的道德目的论是适应民主社会的建构和形势发展的需要,而对传统道德教育目的的有力批判。传统道德教育观念陈旧,简单地使用外在于学生的绝对标准约束每一个儿童,即用渺茫的未来要求儿童,令儿童感到枯燥和伪善;简单地用外在的、统一的尺度丈量不同水平儿童的内在进步,令儿童接受挫败、虚伪和膨胀个人主义,这些对儿童的健康成长并无益处。杜威提出“生长即道德目的”，将教育与道德、与儿童生长联系起来，充分体现了他对儿童人格的尊重和力图改革死板、压抑、无效的传统道德教育的努力。他忧心忡忡地反问，当工作不是按现在的需要和责任评价，而是按外在的结果，如考试及格、升级、升学、上大学等等去评价时，所产生的错误判断标准，所产生的道德损失，谁能估计有多少？这个提问直到今天都还值得人们反思。

那么，教育生长的状态怎样呢？杜威认为，“生长的理想归结为这样的观点，即教育是经验的继续不断的改组和改造”。① 又说，“教育始终有一个当前的目的，只要一个活动具有教育作用，它就达到这个目的，即直接转变经验的性质”。② 在这里，杜威又将其哲学体系的核心范畴——经验融入教育学、伦理学，并使之成为教育学、伦理学的核心范畴，表明了其实用主义思想体系内在各组成部分之间密切的相互关系。然而，经验这个概念也是复杂的，并不是所有的经验都有利于生长，区别经验有没有教育价值的标准之一，是看经验有没有连续性，“连续性原则的意义是，每一种经验总有些地方取之于已往的经验，同时以某种方式改变以后经验的性质”。③ 这表明，生长的过程是连续不断、前后相连的，生长的目的是为了更多、更好的生长，而且每种经验，在一定程度上都是获得更多经验的条件，或者说都影响到获得更多经验的条件。杜威坚决反对给生长强加一个外在目的，他认为，如果那样，经验只会按照某一特定方向生长而失去在更有意义的新方向继续生长的时机、刺激和机会。另一方面，所有人的经验终究是社会

---

① 【美】约翰·杜威：《民主主义与教育》，王承绪译，人民教育出版社 1990 年版，第 81 页。

② 【美】约翰·杜威：《民主主义与教育》，王承绪译，人民教育出版社 1990 年版，第 81 页。

③ 赵祥麟、王承绪编译：《杜威教育论著选》，华东师范大学出版社 1981 年版，第 67 页。

性的;它必须包括相互的接触和交流。也就是说,儿童经验的生长不是闭门造车,而必须是在与社会环境、与社会上其他人的经验交互作用下进行的,通过这种交互作用,儿童不仅可以获得经验,而且可以交流经验。因此,杜威又提出了经验的交互作用原则。这一原则也意味着,虽然经验的生长具有内在的、多样的、不固定的方向,但是,通过对经验产生条件的调节,通过不同经验之间的交流,是可以引导儿童围绕社会的要求来生长,是可以使儿童的生长有利于社会的。杜威指出,经验的连续性和交互作用这两个原则不是彼此分离的,它们既相互制约,又积极地相互结合,提供了衡量经验的教育意义和价值的标准。

杜威认为,儿童具有很大的“依赖性”和“可塑性”,因而具有从经验学习的能力,这是引导儿童、教育儿童的基础。但儿童的成长和成熟要经过一定的时间和过程,不能操之过急或拔苗助长,教育者应充分把握和尊重儿童生长的需要和时机,重视儿童生长的过程。他批评许多人往往不是无视儿童自然的本能,就是把它们看作讨厌的东西,把发展看作对固定环境的静止的适应,把习惯视为通过训练而形成的某种僵硬的东西。这样的观点在教育上是站不住的,其错误表现在,一是不考虑儿童本能的或先天的能力,至少对此重视不够;二是不发展儿童应付新情景的首创精神,仍停留于传统的一些教法;三是在教学中过分强调训练和其他方法,甚至牺牲儿童个人的理解力,以养成机械的技能。这三个方面表现形式不一,而其实质都是把成人的环境作为儿童的标准,教育要做的事情就是使儿童成长到这个“标准”。这当然是欲速则不达的。

杜威并不认为儿童的生长仅仅是一个从内部将潜能展开的过程,也不仅仅是从外部进行塑造的工作,比如,儿童的社交、制作、探究和艺术这四种本能的积极生长,仰赖于对它们的运用,仰赖于对社会生活的参与。因此,要想使儿童正常生长,需要认真研究和把握儿童的特点,正视他们的需要和渴求,并提供相应的条件和环境,以便使两者相互作用。杜威很严肃地告诫人们,“现在我们的教育中正在发生的一种变革是重心的转移。这是一种变革,一场革命,一场和哥白尼把天体的中心从地球转到太阳那样的革命。在这种情况下,儿童变成了太阳,教育的各种措施围绕着这个中心旋转,儿童是中心,教育的各种措施围绕着他们而组织起来”。①

杜威还将“教育即生长”与民主主义理想联系在一起,认为儿童个体的充分生长不仅是他们达到社会目的的一个手段和工具,其本身就是民主主义的要求的落实。政府、实业、艺术、宗教和一切社会制度虽然各有其职责和使命,但它们又都有一个目的,那就是解放和发展个人的能力,而不应当问其种族、性别、阶级或经济状况如何。

总之,在杜威看来,教育是一种特殊的活动,教育的本质是生长的,教育上采取的一切措施都应有利于儿童经验的生长,进而有利于儿童健康的成长;所以,“学校教育的价值,它的标准,就看它创造继续生长的愿望到什么程度,看它为实现这种愿望提供方法到什么程度”。②

### 3.“教育即生活”

“教育即生活”也是杜威的基本教育观点之一。杜威是在目睹当时学校教育脱离社会生活、脱离儿童生活的实际的情况下,有针对性地提出了“教育即生活”这个重要命题的,他将教育与生活的关系凸现在了教育理论者和教育实践者的面前。“教育即生活”明确强调教育

① 【美】约翰·杜威:《学校与社会——明日之学校》,赵祥麟等译,人民教育出版社1994年版,第44页。

② 【美】约翰·杜威:《民主主义与教育》,人民教育出版社2001年版,第61-62页。

具有生活意义,其基本涵义主要是:教育不是生活的预备,而是儿童现在生活的过程;学校课程不应是借助于文字符号简单地向儿童灌输文学、历史和地理等学科,而应着眼于儿童现有的生活经验;教学应从儿童现有的直接经验开始,以此为起点、为基础,经过经验的不断改组、改造,使儿童获得适应社会环境的能力。

杜威认为,学校的面貌应当改变,"学校必须呈现现在的生活——即对于儿童来说是真实而生气勃勃的生活。像他在家庭里、在邻里间、在运动场上所经历的生活那样"。从一定意义上说,学校是社会的组成部分,学校生活本身就是一种社会生活,甚至具有社会生活的全部含义。所以,在学校里,教育应该承担其应有的职责,教会儿童生活、充实儿童生活,使儿童适应生活并创造新生活。

首先,"教育即生活"的观点与杜威对"教育"概念的理解有关。他把广义的教育过程分为"正规的教育"(学校教育或直接的教导)与"偶然的教育"(环境教育或间接教育)两个方面,认为"教育哲学必须解决的一个最重要的问题就是要在非正规的和正规的、偶然的和有意识的教育形式之间保持恰当的平衡"。杜威并不认为"教育"与"学校教育"是同义词,而肯定社会的其他部分也具有教育潜力,并认为两者各有利弊。他的设想是通过改革去最大限度地挖掘学校的潜力,使其能够同时担负起正规教育与非正规教育的双重任务。其次,"教育即生活"的观点还与杜威对"学校"的理解有关。什么是学校?杜威认为,学校主要是一种社会组织,是社会生活的一种形式,是生活的过程,而非将来生活的预备。他批评当时美国的学校教育与社会生活、与儿童生活相脱离,造成教育中的巨大浪费。他提出"教育即生活"的主要目的,就在于试图消除上述双重的"隔离"状态,而实现这一目的的主要途径是使学校社会化,即使学校成为社会生活的一种形式。学校不能与社会完全分开,在学校必须呈现、净化和简化现实的社会生活。教育在社会中的地位和作用不能低估,它是促进社会进步及社会改革的基本方面,理想的学校应起到调节个人和社会这两方面因素的作用。“教育即生活”其实与“教育即生长”是密切联系在一起的,也可以说它们实际上是同一个意思,只是后者偏向目的,前者偏向手段与方法。生长和发展才是教育最终所要关注的,而教育的生活化倾向是实现儿童生长和发展的条件。因此,在杜威的教育哲学理论中,“教育即生活”本身不是孤立的,而是与“教育即生长”直接关联着的。从这个角度来看,作为一种过程的教育,必须关心每一个个体的生长。这不仅意味着帮助每一个个体对自然的理解,还意味着帮助每一个个体对整体和谐民主生活的理解、追求、鉴别与欣赏,更在于提升每一个个体的人文精神,增强个体的社会经验,帮助人们努力在当前的自然、政治、经济与社会现实中寻找新的有助于解决问题的路径,以增加个体与社会的福祉。可以说,教育在最广泛的意义上就是这种生活的社会延续,这延续就是最大的生长,这生长就是教育最大的责任。

人们看到,在杜威的道德教育思想中,特别是在他关于学校教育的具体论述中,既没有一个单一的德育过程,也没有一个单一的教学过程,在他看来,把德育与教学分开是不恰当的,它只有一个过程,即生活的过程,这个过程既包括德育过程又包括智育过程,它是德育过程和智育过程的高度的、完全的统一。这两者的相互融合与完全吻合,是杜威区别于前人的一个重要特色。因此,德育过程与教学过程在杜威的思路中都不是单一的,而是完全统一的。这是我们在研究杜威的教育思想包括道德教育思想时所应当注意的。

杜威主张在活动中培养学生的道德品质,反对仅仅用抽象的说教进行德育,认为这种方法无异于在岸上教学生学游泳,理论脱离实际;主张把学校改造成现实的社会环境,使学校社会化,让学生生活于其中并学习与人相处之道,从生活经验中掌握有关善恶的知识。他反对以告诫、惩罚等消极方式约束学生的言行,主张给学生自由。杜威认为,应结合智育进行德育,要将德育融入智育之中,要把各门学科的教学作为培养学生理解社会生活方式的手段,各学科的教材必须根据自身特点与生活紧密结合,才能既有学术价值,又有利于德育。

杜威关于“教育即生活”的观点的提出迄今已有百余年的历史了,但是,现在看来,正如许多人所已经意识到的那样,我们的道德教育在这方面仍然还存在诸多问题,既有观念上的问题,又有操作中的问题,这不得不让我们感到愧疚。今天,我们重温杜威关于“教育即生活”的命题,不禁深感其魅力所在,它为实施生活德育提供了理论依据。首先,生活德育是提倡从受教育者的实际生活出发而进行的道德教育,是主张把德育融入生活之中而不是在生活之外进行的道德教育。在杜威看来,那种把道德教育仅仅看成是某一门课程的事的看法非常片面,事实上,学校生活和各科教学都具有丰富的道德教育资源,也都包含着丰富的道德教育内容。他说,我们必须认识到道德原理与其他力量一样在相同的意义上是真实存在的;它们内在于社区生活和个体的足以对付工作的结构之中。……根据这种信心行事的教师将发现一切学科、每一种教学方法、学校生活中的所有事件都要孕育着道德可能性。这就说明,道德教育的资源很广泛,道德教育是可以从生活中汲取丰富的素材,使受教育者更加乐于接受的。其次,杜威认为,道德教育不能坐而论道,其重要方法之一,就是组织学生直接参与社会生活,让学生在丰富多彩的社会生活中去感受、体验、感悟,进行应有的、具体的道德实践。“我认为道德教育集中在把学校作为一种社会生活的方式这个概念上,最好的和最深刻的道德训练恰恰是人们在工作和思想的统一中跟别人发生适当的关系而得来的。”这使得在生活中进行的生活德育更有说服力。最后,“教育即生活”强调了教育具有改造社会生活的作用,这既包括教育对学校生活作为社会生活的一部分的改造作用,也包括教育对学校生活以外的社会生活的改造作用。具体说,其一,“学校的社会机构的首要职责就在于提供一个简化的环境”。① 其二,“学校环境的职责,在于尽力排除现存环境中的丑陋现象,以免影响儿童的心理习惯”,②即净化社会生活。其三,“学校环境的职责在于平衡社会环境中的各种成分,保证使每个人有机会避免他所在社会群体的限制,并和更广阔的环境建立充满生气的联系”,即平衡社会生活。其四,“学校还有一种功能。每个人所加入的社会环境有种种不同,每个人的倾向受到种种不同势力的影响,学校发挥着协调作用”,即协调学生与社会生活的关系。这与我们一再强调生活德育的目的不只是道德习惯、道德行为的养成,而是美而善的生活理念不谋而合。生活德育真正关注受教育者的内心世界,培养他们适应生活、改造生活、创造生活的道德品质和能力,这种道德品质和能力由于是在生活中通过主体自身的努力形成的、培养的,它们就会更加持久地发挥作用。

#### 4.“从做中学”“从经验中学”

从其实用主义哲学思想出发,杜威认为,道德教育要“从做中学”。他指出:“从做中学要比从听中学更是一种较好的方法”,这个观点涉及教育教学中的一个重要问题,充分体现了学与做的结合、知与行的统一,具有方法论的意义。杜威认为,学校中普遍存在的现象是,由教师把一套固定的行为准则和固定的道德习惯强加于儿童,或者把已经组织好的道德知识灌输给儿童,不考虑儿童的心理状况和智力水平的

---

① 【美】约翰·杜威:《民主主义与教育》,王承绪译,人民教育出版社 1990 年版,第 22 页。

② 【美】约翰·杜威:《民主主义与教育》,王承绪译,人民教育出版社 1990 年版,第 22 页。

“灌输式”的道德教育,或者强迫学生记诵各种成文的道德准则,把学生当成被动的接受者,这些现象固然根深蒂固,但在社会和教育发生大变革的背景下,它们都不能也不应当成为德育教学的主要手段。因为这样做的结果,只能使学生获得一些与实际行为毫不相干的支离破碎的道德知识,对他们道德的养成是毫无意义的。

杜威认为,要改变上述现象,人们在观念上必须要有一个转变,必须认识到,“教育过程是经验的不断生长、改组的过程”。儿童在教育中的生长和发展,除了他们的生理生长之外,他们自身的经验也在不断改组、不断改造和不断转化的过程中。在这个过程中,儿童一方面要不断增加经验,同时又要增加指导或控制后来经验的能力。在杜威看来,相比较而言,“直接由经验获得的知识”对行为最有效,对于经验和思维具有决定的作用的是活动,这是显而易见的,因为没有活动就没有经验,经验都是由做事得来的。而在活动中,学生不是被动的而是主动的。为此,他倡导“主动作业”这种活动方式,主张学校教育应以“主动作业”活动的方式代替让学生“静听”的学习方法,使学生“从做中学”“从经验中学”。

杜威进一步指出,主动的作业之所以值得倡导、在教育上之所以重要,在于它与传统的“静听”等学习方式有很大的不同,可以反映或代表社会的情境,充满了具有社会性质的事实和原理。之所以要求通过继续不断的建造活动对学生进行教育,所根据的事实,就是这种活动方式能提供社会的气氛,使学校成为一个雏形的社会群体,实现学生的生长和互相的交往、合作。“从做中学”能够更好地发展学生的社会精神。关于这一点,杜威在《教育中的道德原理》中已经有明确的表达,他认为,对儿童的活动能力,对他们在建造、制作、创造方面的能力有吸引力的每一种教学法的采用,都标志着把伦理的重心从自私的吸收转移到社会性的服务上来的机会。这些新型的教学法就是游戏、作业、演戏等，而最核心的是主动作业。比如，在木工、烹调、缝纫等作业中，学生们积极地从事着有意义的活动，并且在作业过程中互相合作、交流、帮助，使教学过程成为一种生机勃勃的过程，成为学生社会精神培育的过程。“从做中学”还可以实现学科的社会价值。一般而言，课程编制者能认识到学科的社会价值的重要性，能充实或挖掘学科的社会价值，它是学科社会价值发挥的必要前提。但是，学科社会价值能否真正实现、能在多大程度上实现，这不是学科社会价值本身的问题，有赖于具体的教学方法。这就是说，要通过合理有效的教学方法及其运用，才能把学科的社会价值从理论转化为现实。杜威指出，当一个学科具有一定的社会价值并是按照了解社会生活的方式去教的时候，它就具有积极的伦理上的意义，而按照了解社会生活的方式去教，就是帮助学生在认识这些科目的社会意义的条件下掌握知识，主动作业的情境显然提供了这样的条件，或者说它比其他教学方式更有助于学生掌握知识。正如杜威所分析的那样，学生在缝纫的过程中可以理解历史以及经济学等在社会生活中的价值观，可以将学科知识转化为自己能够理解并实际应用的知识，转化为直接的行动能力。这对学生来说，收获当然比较多、比较大。从心理学的角度来看，“从做中学”是一种主动活动，“学习和生长是现在共同参与的活动的副产品”。在这种活动中，由于既要“做”又要“学”，就需要学生去思考、去投入，这种活动无疑调动了个体的判断力和行动能力；同时，在作业过程中涉及许多知识，要与他人打交道，因此，作业过程增进了儿童对自然、社会的理解和关心，提供了学生之间、教师之间丰富的交往机会，又有助于人际理解和同情的生成。

由上可知，“从做中学”的教学理念、教学方式在杜威的道德教育思路中处于中心地位，就其实质来说，“教育的道德原理”就是“从经验中学习”这一教学方式的道德原理。而在教育中的生长和生活，也可总结为教育即经验的改造。“……生长的理想可归结为这样一个概念:教育是对经验的持续的重组或重建。”这种重组或重建既包括对经验最初的获得与强化,也包括对后来经验进程能力的提高。杜威举了这样一个例子:一个儿童因为被火烫到,而理解到烫和痛的意味,并且会把烫的感觉与火光联系起来。这其中的关于火焰的感触与科学家在实验室中获得的知识在原理上并无区别。另一个方面,杜威还指出了经验改造的社会意义,他认为,在进步的社会要有新的要求,教育要努力塑造的青年人的经验并非是社会固有的流行的习惯,而是养成良好的习惯使得社会比现在进步。只有在传统守旧的、故步自封的社会,才是把维护已有的风俗习惯作为社会的价值标准。因此,杜威提出,要有意识地利用教育对经验的改造功能,使青年人获得优于成人社会所提供的经验。

值得注意的是,杜威关于教育的基本观念,一个显著的特征就是,他认为教育的意义不仅仅在遥远的未来,不仅仅在对自己“潜在能力”的展开,更不仅仅在于外表的塑造工作或对过去的回顾和重演。教育的意义就在当前,在每个人自身,在每个人的生活中。教育中的追溯既往和展望未来的意义,是在于对当前生活的体验,对当前经验的改造。当我们挣脱关于所谓“未来”与“永恒”的“枷锁”时,生活的体验就鲜明起来;当我们摆脱呆板的墨守成规时,成人社会的既有规则也不再那么权威了。那么,重要的是什么呢?杜威指出,对一个未成熟的人的早期经验价值的重视是非常重要的。他强调受教育者自身的经验——由先天能力和后天的环境的相互作用而形成的经验,在这样的思想影响下,杜威的教育思想中最显著的特点就是:以受教育者为中心,对个体生命的重视。这恰恰可能是我们当今的德育体系甚至是教育体系中所比较稀缺的,也是值得我们思考和借鉴的一个地方。正如胡适先生在《杜威先生与中国》中所讲的:“自从中国与西洋文化接触以来,没有一个外国学者在中国思想界的影响有杜威这样大。"赵祥麟先生也在《重新评价实用主义教育思想》中说:"只要旧学校里空洞的形式主义存在下去,杜威的教育理论将依旧保持生命力,并将继续起作用。"应当说,这些观点在今天都并未过时。

杜威在论述其道德教育的思想时,提出了他对于教育认识的一个核心观念:教育即经验的不断改组和改造。经验作为杜威哲学的一个核心范畴,贯穿于他对一系列问题的论述中,包括在关于道德教育的论述中。从其经验观出发,杜威认为,任何个体的发展,都不是无源之水、无本之木的,必然是从现有经验的基础之上出发,不断地朝着未来的经验而去。而每一个个体的现在经验,既不是处于真空之中,也不是凭空而来,它总是包含着过去经验的某些成就并且处于某种具体的环境之中。

经验不是静止的而是变化的,从过去的经验到现在的经验再到未来的经验转变过程,这是一个复杂的过程。可以说,它既是一个经验不断扩大化和丰富化的过程,也是一个同时伴随着身体、智力、德行不断成长的过程。这个过程之所以能够发生、能够发展,是经验的内部条件(思维、习惯、兴趣等)和为经验提供源泉的客观条件(环境、方法、教材等)不断相互作用的结果,其中,思维尤其是反省性思维在各个环节都发挥着至关重要的作用。这种不断的相互作用,推动着经验的不断改组和改造,这是一个过程;而这种经验的不断改组和改造,就是个体的不断成长发展、不断向上生长的一个过程。这两个过程是统一的而不是分割的,也可以把它们看成是一个过程的两个阶段。在这个过程中,个体经验的不断生长和相互交流,就积聚成群体和社会经验的不断生长,因而个体和群体的全部经验就构成了生活,构成了你中有我、我中有你、丰富多彩、不断变化的生活。所以,杜威说教育是生活的需要。

因此,在杜威看来,从根本上讲,教育的过程并不复杂、也并不玄奥,它本质上就是个体经验的不断改组和改造的过程,在这种改组和改造的过程中,个体和社会群体永远地实现着向上生长。因此,当用经验的视角来解读教育时,我们不难清晰地看到,教育是一个作为整体的个体生命不断生成的过程,教育必须围绕个体生命的生成来开展工作,换句话说,教育所做的一切都必须有利于个体生命的生成。生成性的观念是一个综合的观念、发展的观念,只有用生成性的观念去看待教育时,才能够更深刻地体悟教育的本真意义。

杜威提出了若干教育的道德原理,那么,如何落实这些教育的道德原理呢?在《教育中的道德原理》这本书中,杜威只是提出了纲领性或原则性的意见,并没有给出直接的、具体的"药方",这就使得其思路显得有些模糊,其实也为人们的探究留下了较大的余地。当前,我国有的研究者在梳理杜威道德教育思想时,往往将"学校本身代表真正的社会生活"看作杜威对学校管理的要求,将"通过教学培养学生的社会精神"和"把每一门学科看作是儿童认识社会生活的一种工具"这两者看作杜威对学校教学的要求。这种解释似乎言之有理,但其有一个根本的缺陷,就是它只能与社会方面的道德原理基本吻合,而不能与心理方面的道德原理建立有机联系,或者说,它还没有进入到杜威思想的深处,没有真正把握杜威思想的灵魂。综合杜威的《民主主义与教育》、《学校与社会》、《经验与教育》等著作,我们不难发现,杜威对这些问题实际上给出了答案,并且这种答案是高度整合的,那就是应当通过"从经验中学习"来全面落实教育的道德原理。

## 二、关于道德教育的思路

在对传统道德教育进行批判并阐述关于道德教育的理念之后,杜威转而以新的道德观和教育观为基础,力图形成或建构一种比较宽广的、切合实际的、符合当时社会发展要求的道德教育的思路。

其一,道德是个体的社会智慧、能力和情感的有机整合。这与传统观点对道德的认识是不同的。杜威认为,人是需要具备德行的,但德行不是对某种刻板规则的遵守,而是"一个人能够通过在人生一切职务中和别人的交往,使自己充分地、适当地成为他所能形成的人"。这种使一个人成为他所应形成的人的所有特质,都是道德的特质。个体要解决社会生活中的实际问题,并且是在合乎社会要求的意义上解决问题,即达到"善",社会智慧、社会能力和对社会利益的关心是必需的三个要素。杜威认为,道德有知识、感情、能力这三个部分,并明确分析了三者的内在统一关系:"先有知识,知道因果利害及个人与社会的关系,然后可以见诸行为。不过单有知识,而没有感情以鼓舞之,还是不行,所以,又要感情引导他的欲望,使他爱做,不得不如此做,对于社会有一种同情和忠心。但是,单有知识、感情还没有用,所以还须有实行的能力,对于知道了要做和爱做不得不做的事体,用实行能力去对付它。"在杜威看来,这三个方面缺一不可,是相辅相成的。传统的道德教育思路由于过分拘泥于特定的美德条目,片面强调对具体条目的认同,也就是说,比较注重对知识的掌握方面,相对忽视感情和能力方面,没有看到具体经验情境对个体的复杂要求,没有看到感情和能力的重要作用,但事实表明,刻板地遵守规则并不能确保实际问题的解决。

其二,学校教育的道德目的是培养学生的社会智慧、能力和情感,培养能够积极参与社会生活、服务社会的一代新人。既然道德包括知识、感情和能力这三个方面,那么,教育的道德目的就要致力于此,着力培养一代新人的社会智慧、社会能力和社会情感,这恰恰是学校教育的根本责任。人本主义的思想家出于对现实社会的不满,在论及教育时倾向于就教育谈教育,主张教育独立,培养学生的个性。杜威与之不同,他一向将教育与民主社会的需要相联系,从民主社会的需要出发来讨论学校教育的价值和目的,认为作为民主社会的重要机构的学校,其教育的唯一目的就是其社会目的,离开了参与社会生活,特别是脱离了民主社会的需要,学校"没有什么目的"。比如,虽然很多人认可并宣扬教育的目的是个人一切能力的和谐发展,听起来有道理,但是,怎样理解这句话?"如果我们独立于社会关系之外来理解这个定义,我们就无法说明所用的任何一个名词是什么",甚至"我们不知道什么叫能力,我们不知道什么叫发展,我们不知道什么叫和谐。能力只有与它所派上的用场联系起来,只有与它必须履行的职责联系起来,才称其为能力。"杜威不赞同脱离社会生活、社会关系来谈论关于教育的目的,而将教育目的具体界定为"养成配做社会的良好分子的公民",这是杜威关于教育目的的明确说法,他并且认为,教育的社会目的就是教育的道德目的,因为"单讲社会的目的,其意就是要养成一种人品,能对社会有益,能做社会有用的一分子,这个目的自然就是道德的目的了"。道德既然包括知识、能力和情感,这种社会的有用分子,那就应该具备发达的知识、能力和情感,全部的学校活动都应围绕这一目的而组织、而开展。于是,杜威跳出了将道德教育看作学校中的独立部分来进行的所谓实体化思路,而将孤立的道德教育目的转化为教育的道德目的,又将教育的道德目的看成是教育的社会目的,这样,就在教育目的的层次上将道德教育与教育等同起来了。杜威的这个观点值得注意。

其三,教育的道德目的应贯穿一切教学之中。杜威不仅从社会需要的角度来定位学校教育,来确定学校教育的道德目的,而且将教育的道德目的落实于教学之中,落实于学校的一切活动之中。既然教育的道德目的要求个体具备知识、情感和能力这三方面的素质,并且教育的道德目的就是学校的社会目的，它统率学校的全部教育活动，因而，道德目的在一切教学中、在学校一切活动中居于主导地位就是一种合理的要求。这种观点，其实也是社会中所公认的“一切教育的最高目的是形成性格”这一观点的必然延伸、必然要求。杜威所理解的道德，与一般人们所理解的不同，它其实是一个广义的概念，甚至可说是一个泛道德的概念，包括有助于个体解决实际问题的各种要素——知识、技能、情感、心理品质等。这从严格的学理上讲也许不够十分确切，但从杜威当时面临的社会背景来看，特别是从杜威实用主义哲学的角度来看，又是完全可以理解的。杜威认为，个体的知识与智慧固然有所区别，但它们并不是孤立的、抽象的，而是与具体的社会情境、社会意愿、社会后果相联的；各种知识与技能，只要与正当的社会意愿相联，并且帮助个体在经验情境中创造良好的社会后果，就可以被看作是道德知识。杜威坚信，在一个有目的而且需要和别人合作的作业中所学到的和应用的知识，乃是道德知识，不管人们是否有意把它视为道德知识。因为它能够增进个体的社会兴趣，并且提供必要的智慧使个体的社会兴趣在实践中生效、在实践中实现。由此出发，杜威认为，在一个具有明确道德目的、承担社会责任的学校中，教师对青少年道德的关注和培养，显然不应止于使他们记住关于道德的片断知识，尽管这些知识也是需要的，而应促使他们形成主动关注社会需要，承担社会责任的道德观念，“使儿童和青少年所获得的观念最大限度地是用这样一种充满活力的方式获得的，即它们是指导行动的活动的观念，是动力”。杜威在这里强调的仍然是学校与社会、道德与教育的紧密联系，他这个意识非常强。这就意味着与传统的道德教育不一样，现实的道德教育应该走出单独设科的自我封闭，即不是开一门课来专门对学生进行道德教育，而应当将道德教育扩展至全部学校生活，渗透到各科教学之中，因为道德是个人与其社会环境的相互作用，个体的道德观念、行为动机是依据社会行动及其结果而逐步形成的。学校生活的主要内容是教学,道德教育的根本问题集中于教学,即如何使道德目的在一切教学中普遍存在并居于主导地位,这当然不是一件容易的事,但必须努力去做。只有这样,才能使学生学到的知识能够对他们的人生行为有影响,能够有助于个体成为他所能成为的人。

其四,道德教育问题就是教育的道德性问题。针对当时关于道德教育问题和教育的道德性问题的一些不同看法,杜威认为,这些问题并不玄奥,而是可以结合实际来加以明确的。在他那个时代、那个社会,道德教育问题其实就是教育的道德性问题,说得更具体点,也就是教育能否培养良好公民的问题。这就是说,在杜威看来,道德教育问题与教育的道德性问题是紧密相联甚至合二为一的,因为它们都是要回应能否培养良好公民的问题。这是与杜威对道德的认识和理解分不开的。他通过将道德分解为个体的社会智慧、社会情感和社会能力,认为这三者就是教育的道德目的,并主张将道德目的贯穿于全部教学之中,实际上消解了人们所热衷于讨论的传统意义上的道德教育问题,如学生不守纪律、破坏校园秩序等,因为即使学生诚实、遵守纪律,也并不能保证学生就是社会发展所需要的良好公民。换句话说,要成为一个良好公民,在诚实和遵守纪律之外,还有其他更多的要求。因而,在杜威的教育视野中,与传统的看法很不一样,并没有孤立的道德教育问题,也没有孤立的教育的道德性问题,道德教育问题与教育的道德性问题就是一个问题,从这个意义上可以说,只有与道德教育问题融为一体的教育的道德性问题,即学校教育能否恪尽自身的社会责任,努力培养良好公民。而良好公民应该有发达的社会智慧、社会情感和社会行动能力,学校教育是否很好地促进了这三者的发展,是杜威探讨教学、管理等学校事务的根本出发点。杜威的教学论、管理论关注的根本问题,就是教学、管理是否围绕培养学生的社会智慧、社会情感和社会能力而进行,或者说,教学、管理是否有利于培养学生的社会智慧、社会情感和社会能力。

其五,通过“道德的教育”培养“道德的人”。在杜威看来,由于培养目标发生了变化,培养的方法、手段、路径和环境等也需要进行相应的调整和改善,要使学校能够承担起自己培养社会智慧、社会情感和社会能力充分发展的良好公民的职责,它就不能因循守旧,而必须进行全面的改造,“如果我们的教育对于生活必须具有任何意义的话,那么它就必须经历一个相应的完全的变革”。这里既强调“相应”又强调“全面”,实际上提出了变革的要求。变革的目标,应当是以合理的教育培养民主社会所需要的“有用的好人”,使一切教育活动能够培养或发展个体有效参与社会生活的能力、知识、品格。杜威把能够有效参与社会生活的人称之为“有用的好人”,这是对传统意义上“好人”的超越;把参与社会生活所必需的能力、知识、品格视之为道德的要素,这是对传统意义上“道德”的超越;把发展个体道德知识、能力、品格的教育活动称之为“道德的”,这同样是对传统意义上教育活动的超越。综合起来,可将杜威的道德教育思路简要地概括为,以“道德的教育”培养“道德的人”。当然,这里所讲的“道德的教育”“道德的人”都是有其特定内涵的。在杜威看来,社会方面和心理方面的道德原理指示了学校变革的基本路向,而这种变革就是学校教育的道德化改造。这种“道德化改造”也就是前面所说的“相应的完全的变革”。改造的结果,应当使学校成为一种雏形的社会生活或小社会,这种社会生活或小社会能够用道德的精神、服务的精神熏陶儿童,并提供有效的自我指导的工具,引导和训练每个儿童成为社会合格的成员,同时也就为一个有价值的、可爱的、和谐的大社会提供最强大的并且最好的保证。杜威认为,这种教育,将服务社会的人生观与知识、技能融合为一,将道德教育与学科教学、学校生活融合为一,既是民主时代真正合理的教育,也是真正有效的道德教育。

### 1. 道德教育要遵循心理发展规律

杜威认为,道德教育要重视儿童的主体地位,尤其要遵循其心理发展规律。他指出,在学校里,儿童的生活成为决定一切的目的,凡促进儿童成长的必要措施都集中在这个方面。他据此提出"儿童中心主义"的教育原则,认为儿童不仅是教育的基础而且是教育的中心,既然这样,教师就必须设身处地、换位思考,真正站在儿童的立场上,把促进儿童成长作为自己工作的基础和中心。所谓基础,就是说一切教学工作、教学活动都要从儿童的实际出发而不能相反;所谓中心,就是说一切教学工作、教学活动都要围绕儿童的成长来开展而不能相反。正因为这样,杜威坚决反对传统教育的那一套死记硬背、置儿童于被动、压制儿童个性、不考虑儿童心理特点等做法,明确提出道德教育要遵循儿童的心理发展规律,要适应儿童的整体发展,要尊重学生的个性,要在教学中发挥学生的主体作用,并注意改革教材内容,培养学生学习兴趣,使教师和学生教学相长。杜威强调,之所以在道德教育中要发挥学生的主体作用,将学生置于道德教育的主体位置,是因为道德教育的过程从根本上讲是学生的探究过程,在这个过程中,学生是探究的承担者。所以,在道德教育的过程中要发挥学生的探究能力,引导或帮助他们去探索和创造。

### 2. 道德教育要与社会生活相结合

从其哲学思想出发,杜威强调道德教育要与社会生活相结合。他非常重视这一点,他认为,道德是社会生活的规范和准则,真正的学习必须在社会生活中进行。如同教育要通过生活才能发出力量而成为真正的教育一样,道德教育同样而且必须要通过生活发出力量才能成为真正的道德教育。在杜威看来,传统道德教育的失败,在于其对学校的认识出了偏差,忽视了学校的社会性和生活性,致使学校与社会、与生活相脱离。杜威认为,学校置身于社会之中,它与社会是不能分开的,也可以说学校本身就是一个小社会,因此,学校道德与社会道德应当是一致的,“不能有两套伦理学原则,一套为校内生活的,一套为校外生活的。因为行为是一个,因此,行为的原则也只有一个”。这就是说,要按照同样的“伦理学原则”来引导、评价学生,要引导学生在校内、校外都遵守同样的“伦理学原则”。因此,学校的道德教育方法应该与此相适应,注重组织学生直接参与社会生活,使他们在社会生活中受到应有的道德训练。在杜威看来,那种把工作重心放在对学生犯规行为的处罚与不道德行为的矫正上,而不是放在对学生品格的积极培养上的道德训练本身就是有问题的甚至是病态的。他通过打比喻来形象地说明这一问题,说学生在道德训练中,如果不参与社会实际活动,就像学游泳下不了水,只是反复训练游泳动作一样不可取、没有用。他指出:“离开了参与社会生活,学校就既没有道德的目标,也没有什么目的。”“一切能发展有效地参与社会生活的能力的教育,都是道德的教育。”因此,他主张学生在社会中参加真实的生活,在合作的活动中形成道德判断能力,认为这才是他们身心成长和经验改造的正当途径。通过参加社会生活、社会活动,学生可以不知不觉地养成品德和获得知识,从而实现其生活生长和经验的改造。

杜威强调,无论从什么角度来说,学校道德教育都必须体现社会性、凸显生活性,那么,怎样才能做到这一点呢?其一,学校作为社会机构需要对社会负责。杜威认为,学校是一个社会机构,但它与一般的社会机构不同,是从事特定工作的社会机构,但既然是社会机构,就要适应社会,就有自己的社会责任,就要对社会负责。因此,不能有两套伦理学原则,即一套为校内生活的伦理学原则,另一套为校外生活的伦理学原则,那样的话,将使学生在面对具体情境、具体问题时无所适从。也因此,就不能把学校当做一个与社会没有什么联系的单独的机构,也不能仅仅从学校的范围来讨论学校的道德教育,学校的工作需要置于社会的背景下、环境中来考量,需要时时从学校的社会地位和功能来考虑。事实上,在杜威那个时代,学校的社会工作常被局限于公民权的训练,而公民权又往往被狭义地解释为能够明智地投票,能够服从法律,等等。杜威认为,这些虽然也是必要的,但有较大的片面性,学校的道德工作不能只是从儿童面临的众多社会关系中挑选一个来进行,这在相当程度上限制与束缚了学校的道德教育,对儿童的全面成长也是不利的。儿童是一个有机整体,并且是社会的一员,合理的道德教育应该使儿童认识清楚他的一切社会关系,从德、智、体、社会等各个方面参与进来并维护这些社会关系。只有在公民、家庭、职业、团体等各种关系、各种角色中养成各种有用的习惯,才能在活动中形成道德品性。而在民主社会里,领导、管理以及服从能力的教育也是必需的。其二,杜威认为,必须在社会环境中进行道德教育。离开了社会环境,缺乏了社会性,道德教育目的乃至教育目的就是空洞的了,没有实实在在的意义了。在杜威看来,教育的社会目的就是教育的道德目的,他将教育的社会目的界定为"养成配做社会的良好分子的公民",为什么这样说呢?因为正如他所反复强调的,"单讲社会的目的,其意就是要养成一种人品,能对社会有益,能做社会有用的一分子,这个目的自然就是道德的目的了"。社会环境蕴含着可资利用的丰富的道德资源,道德教育也需要在特定的社会环境中进行,以培养儿童良好的道德行为习惯。随着社会的发展、时代的进步,教育也不能在一成不变的基础上进行,而应当与时俱进,尤其要让儿童有自制能力,使其不仅可以适应客观的变化,还可以形成和改变这些客观的变化。

### 3. 道德教育要与各科教学相融合

杜威强调,道德教育要与各科教学相融合,各科教学都包含或渗透着道德教育,道德不是独立于其他各科知识之外的,道德就存在于各科知识之中,并且在一切教学中,道德的目的应当是居于主导地位的。由此出发,杜威反对把道德单列为一门专门的课程在学校中加以讲授,他认为,单独开设这种所谓的"修身"课从形式上看似乎不错,其实是没有什么功效的,无异于纸上谈兵。这种观点是杜威关于道德教育的一个很有特色的观点,与传统的观点又不一样。那么,杜威为什么会有这种观点呢?这是因为,在杜威看来,各科知识的内容不是与道德无关的,而是与道德的发展有着密切的联系的,各科教材也不是纯粹知识的载体,而同时也是进行道德教育的重要载体,是培养儿童道德品质的主要手段。因此,可以说,道德的目的应当是而且必须是各科教学共同和首要的目的,或者说,各科教学的目的就是道德的目的,在这一点上都是一样的。他指出,道德教育在学校里是无所不在的,学校各类学科只是统一的社会生活的几个方面。"虽教算学、博物、理化等科时,皆有道德问题在内。"因此,在杜威看来,在学校里,道德是不能作为独立的学科来传授的,如果将道德教育与其他学科分离开来,一门学科专门进行道德教育,其他学科则单纯进行知识教学,那是非常有害的,不仅对道德教育起不到任何作用,而且不利于学生对其他知识的学习。只有将道德教育纳于各科之中、融入各科之中,使各科都承担起道德教育的任务,使道德教育无所不在、形成合力,才能使学生在学习知识的同时接受道德教育,在接受道德教育的同时促进知识的学习,从而真正达到道德教育的目的。

既然各科教材都是进行道德教育的重要载体,都是培养儿童道德品质的主要手段,那么,要使教材担负起这种使命,就要明确选择教材与判断教育价值的社会标准,把学科看作是使儿童认识社会的一种工具。杜威认为,人们习惯于把学科一个个地分割开来,孤立地分析学科的知识价值、训练价值、文化修养价值,并热衷于比较不同学科在其价值上的分歧。然而,其一,正如“教育的目的是个人一切能力的和谐发展”,必须联系社会生活来理解一样,知识、训练、文化修养的价值在根本上也是源于社会生活的。这就是说,是社会生活提出了这些方面的要求,这些方面的要求归根到底又服务于社会生活,社会生活的关联性决定了知识、训练、文化修养及其价值的关联性。其二,尽管为了教学的需要、传授知识的需要,教科书中有不同的分类,不同的分类有其不同的学科知识,但不同学科的知识也有其共性,即它们都是在人类社会经验过程中发展起来的,也可以说,它们都是在实用的过程中发展起来的。而知识教学的目的正在于使个体能用他所学的东西,指挥其实际的行为,解决其面临的问题。因此,必须从培养和提高学生参与社会生活的能力着眼,反思学科教学的社会性质、社会价值、社会意义。杜威联系一些学科的实际情况,对其社会性质、社会价值、社会意义进行了分析。他指出,比如,“研究自然界的根本观念,就是人类事业处处与环境有关,处处须应付环境”,而凡体现人类与自然的相互作用的社会生活都与地理有关,因此,人们需要学习地理这门学科。学习地理,不仅可以了解不同的地理环境对于地区文化发展的影响,还能够了解社会政治、经济上的问题。这些就是地理这门学科的社会性质、社会价值、社会意义。与此相应,地理教材的编写、实际的教授,就应避免从前琐碎的弊病,不应拘泥于知识的体系,就知识体系来谈知识体系,而要从实际出发,从生活出发,“提出要点,发挥尽致,使各方面的知识都能用到,养成学生有判断的能力”。

## 三、关于道德教育的目标

目标问题是教育尤其是道德教育的首要问题。所谓道德教育的目标,是指通过道德教育要培养什么样的人。杜威教育思想的特点是以儿童为中心,与此相应,其道德教育思想也是以培养人为中心,其目标就是要培养有“道德观念”的人、培养个体的公民品格、培养能适应社会的人。

### 1. 培养有“道德观念”的人

要理解什么叫有“道德观念”的人,首先就要厘清道德观念与关于道德的观念这两个概念。在杜威看来,这两个概念是有区别的。那么,它们的区别在哪里呢?杜威对此作出了自己的分析和回答。在《教育中的道德原理》中,杜威指出:“道德观念是不论什么样的那种观念,在行为中见效果,使行为有所改进,变得比另外的情况下更好。”而“关于道德的观念,在道德上可以是无关的,或者不道德的或者道德的”。由此可见,这两个概念的区别不是模糊的而是明显的。在杜威看来,道德观念是人的品格的一部分,将左右人的行为;而道德知识(即关于道德的观念)仅仅以知识形态存在,是一种关于道德的信息与知识,或者说是一种外在道德教育或灌输的产物,还未能内化为人的行动的内驱力或约束力。由于道德的观念还没有成为人的信念、价值观的一部分,还停留于知识的形态或知识的层面,因而从理论上看掌握了一些知识,但在行动中没有任何作用,这就是说,理论与实践是脱节的,知识与行为是分离的。比如,当教师在课堂上集中教育学生要助人为乐,学生了解了助人为乐的含义、重要性和意义,但他们在实践中由于种种原因并未将其落到实处,或者片面地体验到助人为乐导致受挫,就可能感觉这种教育是虚伪且不实用的。然而,事实上,通行的道德教育思路却恐怕恰恰以后者为中心,虽然不断提出要加强道德教育,却可能只是培养出一批又一批表里不一或“两面三刀”之人。

杜威认为,“凡是能阐明社会构造的事实,凡是能增加社会资源的能力的培养都是道德”。强调能力的培养,并且这不是一般的能力而是增加社会资源的能力,这种能力的培养属于道德范畴,因此,它就与道德相关了。这个观点值得注意。在杜威看来,道德是贯穿于整个生活中的而不是属于生活中的某个特定的区域,社会生活的复杂性导致观念的复杂性。为了便于区分并说明问题,杜威划分了几种观念:道德观念、不道德观念、非道德观念和关于道德的观念,他分别对这些观念作了分析和说明。他认为,道德观念是“能够影响行为,使行为有所改进和改善的行为的观念”。不道德观念是“属于使行为变得更坏的那一类观念”。而非道德观念则是与道德观念无关的观念,即那些既不会使行为变得更好,又不会使行为变得更坏的观念。而对于“关于道德的观念”,杜威有自己独特的理解。他认为,这种“关于道德的观念”,在道德上可以是漠不关心的,或者不道德的或者道德的。而在关于道德的观念,关于诚实、纯洁或者仁慈的知识中,并没有使这些观念自动转变为良好的品格或者良好行为的性质。也可以说,“关于道德的观念”就是直接传授的知识,而且这些观念或知识不能自然地转变成良好的品格和行为。而“道德观念”是能够影响和改善行为,使行为有所改善的观念。根据杜威的分析,也可以这样来认识和把握“道德观念”与“关于道德的观念”的不同内涵,即“道德观念”是从知识层面向行为层面转化的观念,而“关于道德的观念”则是停留于知识层面的观念。因此,相比较而言,“关于道德的观念”较之“道德观念”对于行为的影响要小得多、与行为的联系要少得多。在上述四种观念中,杜威更注重“道德观念”与“非道德观念”。他甚至认为,讨论道德教育的根本问题就是区分“道德观念”与“关于道德的观念”。在杜威看来,只要“道德观念”完成转变成为人的品格的一部分,就能成为影响人的行为的动机之一,而“关于道德的观念”则由于停留于知识层面、观念层面而尚未转化,因此,它对行为所起的作用不大或者对行为没有什么影响。从这种观点出发,杜威认为,教育工作者的一个重要任务,就是要使处于儿童或者青春期的学生最大限度地用一种有活力并且积极的方式和态度去获得“道德观念”,并且使这种“道德观念”能指导他们的行动,使之成为他们行动的动力之一。因此,道德教育绝不是仅仅运用某一些手段和措施就能完成的,而是要通过学校的一切手段和措施来实现。

针对当时道德教育的现状,杜威提出了尖锐的批评:“我们关于道德教育的概念是太狭隘、太注重形式、太病态了。我们把伦理的这个名词与某些贴上美德标签的、从大量其他行为中分离出来的、与履行这些美德的儿童的惯常形象和动机更加分离的某些特殊行为联系在一起。道德教学因此与这些特殊的美德的教学联系在一起,或与它们有关的某些感情上的灌输联系在一起,道德被看做是非常伪善的东西。”杜威的这些批评是有道理的。在传统道德教育中,道德似乎是一个与经济、政治、社会生活无关的“高高在上”的领域,因此,要有专门进行道德教育的德育课堂,其他的学科如数学、文学等则似乎并无道德教育的责任;教师在课堂上向学生极力传输何为“美德”、何为“至善”,但这些观念大都是从遥远的过去流传下来的恒久不变的所谓“真理”,对于学生而言,如天上的星星般遥不可及。在封建社会中,统治阶级要将人划分为三六九等,相应地也要划分出三六九等的道德标准,即所谓内在的善和工具的善、自然善和道德善,不同的善有不同的要求,不同的人要遵守不同的“善”。因此,就出现了这样一种现象,即所谓卑贱的人永远是卑贱的,高贵的人则永远高贵。且不说在理性自由、人人平等的时代,这种划分是荒诞且不合理的,单说这些道德标准的绝对的“必然性”,是否能真正符合现实社会的需要、又能否真正解决实际的问题呢? 答案必然是否定的。当“至善”这种“关于道德的观念”被传输给学生,学生在现实生活中又找不到与之对应的因素,那么,他们对其的理解自然大打折扣。而当学生真的遇到问题,也不一定能从这些遥远的、“高高在上”的观念中寻找到解决问题的途径。这样的“道德教育”当然是难以发挥作用的。究其原因,就是它并未让学生真正领悟“道德”,并未培养出在道德上受过教育的人。

“道德观念”和“关于道德的观念”的根本区别在于是否能影响行动。杜威提出要培养有“道德观念”的人,其实就是说道德教育不能仅仅停留在传授道德知识的层面,而应在传授道德知识的基础上使人们将道德知识内化于心、外化于行,要通过道德教育引导人们的道德行为,使人们养成良好的道德行为习惯。在道德上受过教育的人,应当就是这样的人,这才是道德教育的根本问题。仅仅向人们灌输关于道德的观念,达不到道德教育的目的。杜威本人对此也一再强调。按照他的说法,教师和家长对儿童进行道德教育,主要不是使儿童了解那些关于道德的观念,关于诚实、纯洁或仁慈的知识,而应当是最大限度地用一切充满活力的方式使儿童获得指导他们行动的驱动力——道德观念。培养在道德上受过教育的人,引导孩子的道德行为,而不仅仅是向其灌输关于道德的观念,这才是道德教育的目的。①

**2. 培养有“公民品格”的人**

杜威认为,“一切能发展有效地参与社会生活的能力的教育,都是道德的教育。这种教育塑造一种性格,不但能从事社会所必需的特定

① 石玉:《杜威的道德教育观对我国学校道德教育的启示》,《教学研究》2006 年第 3 期。

的行为,且对生长所必需的继续不断的重新适应感到兴趣"。[①] 在杜威看来,道德教育的作用在于它的社会价值。杜威道德教育的个体目的是培养"良好公民",社会目的是民主社会的持续发展,个体目的与社会目的是统一的。

公民是一个特定的范畴,指具有一个国家的国籍,并根据该国的法律规范享有权利和承担义务的自然人。从历史上来看,古希腊的雅典和古罗马的城邦时期是最早具有制度性的民主政治的国家。在当时那个奴隶制时期,在民主政治雏形的基础上,出现了"公民"的称呼,也叫"市民"。据说,古罗马曾经颁布过《市民法》,也就是《公民法》,用来调整罗马市民之间的关系。很久以来,人们习惯把"公民"看作是政治生活的主体,多用来表达政治情感,认为"每个公民生命的目的就是为国效力,为公献身,在政治机器上恪尽'螺丝钉'和'齿轮'的角色所赋予的职责",而且认为"公民角色在道德上要高于个人在家庭中扮演的角色,公民所参加的政治生活也要高于个人的工业生活"。[②]

在杜威看来,这些对公民的理解有偏差,因为它们在某种程度上把公民的整体人格分裂开来,把公民个体所参与的丰富多彩的社会生活简单化了。在社会生活中,政治当然很重要,但政治也不是唯一的方面。一般而言,社会生活除政治以外,还包括经济、文化、哲学、宗教、伦理等方面,这些方面对于公民来说同样不可缺少,因而不能忽视,而这些构成方面都要由公民来实现和贯彻,并且贯穿于公民生活的始终。这就是说,社会生活是丰富的、全面的,因而人的生活也应当是丰富的、全面的。所以,一个公民不仅仅应当是政治生活的个体,而且还应当是经济、文化、道德等生活的个体。这些反映到人格上,就形

---

① 【美】约翰·杜威:《杜威教育论著选》,赵祥麟、王承绪编译,华东师范大学出版社1981年版,第240页。

② 何增科:《市民社会概念的历史演变》,《中国社会科学》1994年第5期,第24页。

成一个人的整体人格。

杜威在其著作和演讲中多次指出,教育的目的就是要培养配做社会的良好分子的公民,那么,什么样的人才是社会的良好公民呢?良好公民与人们通常所说的有用的好人是不是一回事呢?杜威对此作了分析。他在《民主主义与教育》一书中引用了一句古语:一个人光做好人还不够,须做一个有用的好人。杜威在这里强调的是“有用”。所谓有用的好人,就是指在与别人的共同生活中能保持一种平衡,这种平衡就是在对社会的贡献和所得到的报酬之间的平衡。良好公民与有用的好人有其共同的一面,但它的内涵更丰富一些。在杜威看来,一个良好社会成员即良好公民的标志就是他能遵守纪律,有文化修养,有理性思维能力,有责任心,等等。为说明问题,他还罗列出了五条好公民的标准:其一,要做一个良好的邻居或朋友,因为人是需要共同生活的,在共同生活中要与他人和睦相处;其二,在利益面前要把握好分寸,不能失当或过分;其三,要积极参加生产和劳动,不要坐享其成、坐吃山空;其四,做一个好的消费家;其五,积极创造并贡献自己的绵薄之力。将此归纳起来,又可以看出民主社会良好公民的具体要求主要如下。首先,良好公民应该积极承担各种社会责任。杜威比较看重社会责任,他倾向于从社会成员所扮演的社会角色和对应的责任上来理解公民的德性,强调社会角色与社会责任的统一。他指出,社会责任并不只局限于政治意义上的选举与守法,还应该包括家庭、社区和职业等多个方面。因此,杜威主张要培养或引导公民“理智地认识他的一切社会关系并参与维护这些关系”,做社会的完全有能力的、有用的成员。他在对社会成员的要求上,始终强调“有用”,这是与其实用主义哲学思想相联系的,但对他所讲的“有用”的理解不能简单化、片面化。比如,他认为,一个人要成为某个特定的邻里和社区的成员,必须要对生活的价值作出贡献。很显然,这里所讲的“贡献”就是他所说的“有用”,而其涵义显然是丰富的、全面的。在全面认识社会责任的基础上,杜威尤其强调了民主时代公民的政治责任和经济责任的特殊性,认为当前社会是民主和进步的社会,每个公民应当既要有领导才能又要能服从别人的领导。其次,良好公民应该分享社会经验,并积极参与社会活动。这与他对经验的重视是分不开的。杜威曾在演讲中指出:“要使社会各分子能承受社会的过去和现在的各种经验,不但被动地吸收,还须每人同时做一个发射的中心,使他所承受的及发射的都贡献到别的公民的心里去,也来加入社会的活动。”①在杜威看来,个体要成为社会的良好分子,必须掌握社会的经验,没有一定的社会经验,是不可能在社会中愉快地生活的。同时还要分享成熟社会成员所具有的知识、价值观、信念和生活习惯等,因为个人的经验再丰富也是有其局限性的,这就使得分享他人尤其是“成熟社会成员”的经验成为必需。当然,这种分享不是个体对社会经验的简单学习,而应是个体通过在活动中积极地扮演这种社会角色,从而主动地按照共同体所设定的方式去行动。这就是说,还是要结合自己的实际,并按照共同的规范去行事。第三,良好公民应该是社会的主动适应者和改造者。社会所培养的有用成员,不应该仅仅是现实社会的维护者,还应该是社会进步的推动者。这两个方面要结合起来,不懂得维护就不懂得推动,而推动又是以维护为基础的,但相比较而言,推动比维护更重要。杜威指出,当代社会是一个进步的社会,进步的社会就需要一种进步的教育。而在进步的社会中,学校是实现“社会进步和改革的基本的和有效的工具”,学校的责任就是把有助于未来社会更加美好的那一部分成就保存和传递起来,而不是把社会的全部成就保存和传递下去。这就是说,“保存和传递”不是无条件的,而应当是有所取有所

---

① 沈益洪:《杜威谈中国》,浙江文艺出版社 2001 年版,第 100 页。

舍,把好的保存和传递下来,把不好的舍弃和淘汰。因此,在杜威眼中,所应培养的社会的改造者是能适应民主社会和工业变革的新人,他们是工业变革的主动力量,是公共决策的理性参与者,而且在社会的变革和发展中应该具有创造力与开拓进取的精神,能够轰轰烈烈地改造世界。杜威的这些思想是对当时社会发展现实的反映。

要达到或实现上述良好公民的标准或要求,人们应该具备社会智慧、社会情感和社会行动能力。正如前面所述,杜威对此是有自己的分析的。社会智慧以知识为基础,具备社会智慧就是说人必须要有知识,因为有了知识就会知道一些因果利害、社会和个人的一些关系,然后根据自己的判断就可以见诸行事了。但是,如果光有知识,而没有感情的话,还是不行的,因为知识主要是帮助认识和判断,感情是在此基础上所表现出来的倾向性、指向性。所以,在具备社会智慧或相应知识的前提下,还需要感情,感情可以引起人们对某事的欲望或兴趣,促使人们喜欢做某一件事。然而,仅有知识和感情也还是不行的,还必须有一定的实行能力、行动能力,即对于那些知道了要做、爱做和不得不做的事情,就要用一定的实行能力、行动能力去进行、去落实。所以,对于一个良好的公民而言,知识、情感和能力这三要素都是不可或缺、非常必要的。

杜威认为,道德教育要培养人的道德习惯和道德行为,这种习惯和行为是通过日常生活表现出来的。而道德是人格的一部分,在杜威看来,在道德上受过教育的人,应该有一个完整的、成熟的"自我",或者说其人格应当是完整的、健全的。他应当有着深思熟虑的有机的世界观,在这种世界观的指导下,他的行为和思想应有一贯的综合的表现模式。在这一点上,杜威是将康德与边沁的观点综合起来,主张既要看行为者的意志和动机,又要看行为者行为的实际效果,这样两个方面结合起来,才能对行为作出完满的道德判断。也就是说,一个人的行为是否有道德,要看他的品格如何。他有什么样的品格,就会做出什么样的行为,也就会产生与之相应的结果。①

在新的社会背景下,面临着新的受教育者,若道德教育仍只是为了让大部分人更乖巧地接受少数特权阶级的压榨,这显然是行不通的,也是不合理的。在《教师和他的世界》一文中,杜威指出:"……学校必须有某种社会方向……教师职业现在面临着两个社会方向之间的选择。关于这两个方向,一个是回顾着过去,另一个是瞻望着将来……那个瞻望着将来的方向则是符合当前的科学的、技术的和工业的力量的发展的,而且更多的,它是为了群众的自由、安全和文化发展的利益的。"所谓公民品格,其实就是一种社会责任感,是一种面临问题时对各种社会传统偏见与大众传媒的免疫性。具有公民品格的人,应当是能够从历史与辩证的角度独立思考与分析,有突破性和鉴别力的人,而并非人云亦云,在别人的煽动下轻易产生无限制的"偏见和燃烧的情绪"。杜威很看重学校的社会责任。他认为,教育不仅仅是教会儿童去投票或是去适应、服从社会,而是要引导他们有独立思考的能力,要承担社会发展与进步的责任。他指出,在传统社会,统治阶级需要培养阶级工具维护自己的统治,但在当代社会,社会的进步与更新更需要不随波逐流的有革新意识的人。

### 3. 培养能良好适应社会的人

按照杜威的观点,道德教育本身即是教育目的,而"离开了参与社会生活,学校就没有道德的目标,也就没有什么目的"。杜威指出,受教育者是社会的一员,而教育也是为儿童长大后更好地适应社会、为社会服务而做准备的;个人与社会紧密相连,如果把个人与社会割裂

① 牛晓琴:《杜威道德构成"三部曲"论及其现实意义》,《长江大学学报》(社会科学版)2012 年第 2 期,第 8 页。

开,个人便成了一个抽象的东西,社会也成了一个没有生命力的死板的群体。学校是社会机构的一种,是为社会运行而服务的,学校与社会同样密切联系,如果把学校与社会孤立开谈教育,那这种教育是没有任何意义的。杜威认为,最好的、最深刻的道德教育是人们在工作和思想的统一中跟别人发生适当的关系而得来的,因此,在道德教育上,社会道德与学校道德的标准或方式应当是一致的。杜威反复强调,"不能有两套伦理原则,一套为校内生活的,一套为校外生活的。因此行为是一致的,所以行为的原则也是一致的"。① 要让儿童感知到学校并非置身于社会之外,它本身就是一个缩小了的社会,而事实也正是如此。只有这样,受教育者的个体经验才能是延续性的、与实践一致的。如果将道德教育与智育分离,认为性格的成长无关知识的获得,将学校想象并建造成一个与社会联系不大的独立的机构,这只能导致道德教育的失败。

正是基于上述观点,杜威指出:"道德教育的含义……最重要的是'个性'与'社会'的关系。……它一方面发展个性,养成个人的知识、能力、感情;另一方面发展之后,还须使社会的同情格外增强。所以,问题在怎样使个性发展,同时并把同情的范围扩大,对于社会,情愿尽忠,情愿牺牲。"②在《民主主义与教育》一书中,他明确指出:"一切能发展有效地参与社会生活的能力的教育,都是道德的教育。这种教育塑造一种性格,不但能从事社会所必需的特定的行为,而且对生长所必需的继续不断的重新适应感兴趣。"在杜威看来,"道德教育"也可以称之为"教育的伦理方面"。而道德教育的意义就在于它的社会作用、社会价值,即培养能良好适应社会的人。

---

① 【美】约翰·杜威:《杜威教育文集》(第1卷),人民教育出版社2008年版,第135页。

② 转引自胡适:《胡适学术文集》,中华书局1998年版,第419页。

# 第三章

# 杜威道德教育思想的解读与诠释(下)

杜威道德教育思想内容丰富、涉及面广。上一章,我们介绍和阐述了杜威道德教育思想的思路、理念、目标。这一章,我们将在上一章的基础上,继续介绍和阐述杜威道德教育思想的原则、内容、方法。这样,就可以使我们从总体上、整体上对杜威道德教育思想的主要内容有一个比较全面的认识和把握。

## 一、关于道德教育的原则

道德教育原则是教育者在实施道德教育过程中所要遵循的原理或定律。这些"原理"或"定律"是道德教育实践的规律的反映、经验的总结。在关于道德教育原则的问题上,杜威也有自己明确的见解。他反对传统教育的"灌输"原则,主张"儿童中心地位",即道德教育必须以儿童的本能和能力为依据、根据经验的相互作用原理来进行,坚持把发挥教师的主导作用与尊重学生的中心地位相结合,强调教材和教法的统一。

### 1. 反对“灌输”原则

杜威认为,经验是教育的基础,教育是经验的改造,那么合理的道德教育应当是符合受教育者经验标准的教育,也就是满足“经验的连续性”和“交互作用”原则的道德教育。他指出:“生长,或者生长着即发展着,不仅指体格方面,也指智力方面和道德方面,这是连续性原则的一个例证。”所谓“经验的连续性”原则,是指“建立在习惯的事实之上”,“每一经验总有些地方取之于以往的经验,同时以某种方式改变以后经验的性质”。所谓“交互作用”原则,是指“赋予经验的两个因素即客观的和内在的条件以同等的权利。任何正常的经验都是这两种条件的相互作用”。而在杜威看来,传统道德教育的“灌输”原则是有悖于经验的这两条原则的。一方面,它是把“成人的标准、教材和方法强加给只是正在逐渐成长而趋于成熟的儿童。……所规定的教材、学习和行动的方法,对于儿童现有的能力来说,都是没有关联的”。所灌输的内容也是年轻的学习者已有的经验所不及的东西,即脱离他们的实际的。另一方面,传统的灌输式教育的问题“不在于它着重控制经验的外在条件,而在于对也能决定要有什么样的经验的内在因素太少注意。这就从一个方面违反交互作用的原则”。这使得交互作用难以产生。据此,杜威指出,在传统学校里普遍存在的、看似理所应当而合理的外部灌输的教育方式,不仅不能促进,反而限制了儿童的智慧和道德的发展。

传统的直接灌输道德规则,或者说关于道德的知识的教育方式,其局限性主要表现在它们对理智和道德的自由施加大量的限制,抑制了个人自由生长的机会。因此,只有把这些限制措施全部废除,才能使儿童获得真正持续的、正常的发展。在杜威看来,科学的道德教育应当以张扬个性、反对灌输,以自由活动、反对外部纪律作为新教育实践的共同原则。另外,在关于灌输这个问题上,人们一般会认为,在宗教、道德和政治领域实施灌输是不可避免的。杜威对此不以为然,他认为,这些领域的灌输确实极易发生,但这种情况是社会的、历史的而非逻辑的。也就是说,决定一种教育是否变成了灌输,并没有学科上的必然,而是特定的社会历史条件使然。这实际上提出了一个如何看待灌输的问题。就是说,学校的教育教学要受到社会历史条件的制约,当社会历史条件提出了某种需要,它就会在学校的教育教学中反映出来、体现出来,学科教学要服从社会历史的需要。这也提醒人们,对灌输问题的认识不能仅仅停留于学校范围、教学范围,还要更进一步地从更大范围、从社会历史条件中去探寻其根源。

杜威明确地提出了自己对于当时存在的那种灌输的理解:“我将把思想灌输理解为系统地运用一切可能的方法使学生铭记一套特定的政治和经济观点,排除一切其它观点。……偶尔的确包括物质的措施。”由此可见,在杜威看来,传统的灌输至少有两个特点:其一,强制性。灌输包括“强迫接受,伴随着对不顺从的学生给予惩罚和对服从的学生给予奖励”;其二,封闭性。它将一种特定的社会准则或道德标准灌输给学生而排斥一切相左的东西,旨在禁锢学生的头脑。杜威既不是单纯从目的,也不是单纯从内容和方法来界定灌输。他把灌输视为传统教育的一个根本特征,并认为这种教育与新教育、现代教育是格格不入的,并且根本是错误的。

总的来说,杜威是反对灌输的,灌输作为传统教育的原则、方式和方法的弊端是显而易见的,杜威反对灌输的观点与他培养民主社会良好公民的思想是一脉相承的。他强调道德教育过程中学生的反省思维和理智能力的积极作用,重视道德获得的过程、学生的生长与改造经验的过程而非最终结果。对这些,只要放在当时的社会历史条件下,都是不难认识和理解的。

**2.“儿童中心地位”原则**

所谓“儿童中心地位”原则,是指道德教育要以儿童的本能和能力为依据,根据经验的相互作用原理来进行。“儿童中心地位”是杜威道德教育理论的核心要求。无论是抨击传统道德教育与实际生活的脱离,还是批判传统教育的“灌输”,抑或是反对传统教育中教师的绝对权威,等等,这一切,其实都是对在道德教育中“儿童中心地位”的呼吁和宣扬。杜威认为,儿童是教育的出发点,社会则是教育的归宿。他在谈到旧教育时指出,若学校的中心不是学生,而是教育者、教材等管理类的事物,这样的教育观念顾及不到儿童的生活,这样的学校也就称不上是儿童生活的地方。

杜威认为,教育的过程有心理学方面和社会学方面,两者平行并重,若有偏废则不良后果随之将至。这就是说,心理学方面和教育学方面都很重要,应当全面看待它们在教育过程中的地位和作用。他认为,相比较而言,在教育过程中,心理学方面是基础。而从教育的心理因素方面来分析,教育应建立在儿童的天性、本能的基础上。他指出,教育面对的是有理性思维和感情的人,而不是没有感情的物体,所以,在教育中应当尊重儿童的自然生长规律,使他们能够积极而非被动地学习,使他们能充分地动口、动手、动脑,激发自己思维的活力,发挥积极性与创造性。而在传统教育中,教师“照本宣科”的灌输方式,不仅脱离生活实际,也压抑了儿童的思维的正常发挥;教师的中心地位也使得教育成为一种“外来的压力”,在这种情形下,儿童变得被动而消极,扼杀了儿童的创造才能。杜威认为,事实上,儿童具有与生俱来的爱好活动的本能和冲动,这种本能和冲动也为教育提供了素材和基础,需要教育者对之给予应有重视并积极利用,这样才能使道德教育朝着其目标前进。

### 3. 教师主导作用与学生中心地位相结合原则

关于教师在教育过程中的身份、教师与学生的关系的问题，当时的美国社会主要有两种观点或教育模式："权威"的和"放任的"。前者认为，教师是教学活动的中心环节。因此，要坚持教师的绝对权威与领导地位，教师应当采取一切可能的行动与措施对儿童实施管理与教育，使其掌握并服从社会规范；后者则认为，儿童应当获得解放与自由。教师要尽可能地帮助儿童解决问题。在教育上，教师是次要的。

在这个问题上，杜威作为哲学大师，反对那种非此即彼的观点。他犀利地批评了当时社会流行的"反权威"的风气——从反对权威具体的表现形式到反对这个原则本身。作为一个文明社会，权威的表现无处不在，而现实与理想之间的差距总是存在的。因此，在当时的社会条件下，任何人要为自己不被认可的行为进行辩护时，就往往会将自己的行为归结为反对权威，似乎这样他的行为就天然地合理了。甚至这种反对、批判任何权威控制的观念，已经发展成为一种社会哲学了。然而，实际上，正如杜威所指出的那样，"权威代表了社会组织的稳定性，个人借此而获得方向与支持；而个人自由即代表有意识地促进产生变化的各种力量。需要经常注意的问题就是如何把这两个东西，权威与自由、稳定与变迁，密切地和有机地结合起来"。而对于放任或者说是自由的观点，杜威也进行了批评。他指出，无论是在经济上还是战争上，人类已经为无计划的放任自流付出了巨大的代价。因此，在道德教育的问题上，杜威主张，一方面要承认教师的作用，肯定其在教育中的主导地位，一方面也要尊重儿童的地位，考虑儿童对教师的制约。要将教师的主导作用与学生的中心地位相结合。他认为，教师是社会的代理人，是专门从事于维持正常的社会秩序并谋求正确的社会生长的人。但这并不意味着教师权威角色的自然合理性。杜威强调教育要回归生活,要肯定儿童的经验和个人体验,要培养儿童的个人品格,教师应当帮助儿童解决问题,作为一个集体的成员来对儿童产生影响。

在杜威看来,传统教育的问题主要在于过分强调教师的功能而忽视了儿童的活动与自由。并且在旧教育中,教师大多只是将成人的那一套固定的知识、方法和行为的准则强加到儿童的身上,这反而使得教师背离了教育的责任,削弱了教师的主动性。杜威认为,在道德教育中,要明确儿童是教育的起点,是教育的中心,而社会则是教育的归宿。因此,理想的道德教育是要站在儿童的立场上,以儿童为教育的出发点。其实,这更加肯定了教师对于儿童经验的指导价值。概括地说,按照杜威的观点,教师在道德教育过程中的作用主要有以下两个方面:其一,教师是儿童道德成长的指导者,教师的工作重心是促进儿童的生长。儿童是教育的起点,儿童的生长是教育的目的,教师应当以儿童作为自己工作的出发点;然而,这并不意味着对教师地位的否定或削弱。在杜威看来,没有一个东西能从无中发展出来,希望一个儿童从他自己小小的心灵中发展成一个宇宙是不会有结果的。离开教师科学的教育和恰当的引导,儿童的健康成长是不可能的。而强加的外部指导事与愿违,并不能使儿童真正实现自己。进步的教育需要教师从儿童的个体经验出发,对儿童的本能和冲动加以利用、予以刺激,这实际上对教师提出了更多、更高的要求,因此,教师肩负着更大的责任与重担。其二,教师是领导者,同时还是活动的组织者和学习者。旧教育中,教师的"监督者"和"独裁者"的角色,将教师与儿童割裂开了。同时,杜威也不认同教师是微不足道的或甚至有害的看法,而认为他们应当是"一个社会团体的明智的领导者"。杜威反对将老师排除在教育圈外,对儿童放任自流的教育方式。他强调,教师是教育过程的一个必不可少的重要因素,教师应当关心、参与学生的活动。

具体讲,一方面,教师要组织活动并创造条件保证活动的顺利进行,另一方面,教师也要弱化自己的“领导地位”,融入活动,以学生的立场去体验和感知。在专业知识的指导下,教师更能体验到有利于生长的环境,更能拥有形成实际经验的一般原理,并且更能知道怎样在现有的条件与环境下如何抽取有利于建立有价值的经验的东西。教师只有融入学生的集体,才能与学生交流思想,激发学生的热情,并了解、掌握学生经验发展的连续性。

#### 4. 教材与教法相统一原则

教材是把自然界和人类社会的事实和原则加以系统的归类、梳理和提炼,是关于教什么的问题;而教法则是使得教材能够为学生所理解和掌握而采用的教学方法,是关于如何教的问题,这两者是相互联系、相辅相成的。按照杜威的观点,前者是对科学材料的选择与整合,后者则是对科学材料的安排及运用。教材与教法都属于指导学生如何达到教育目的的方法和途径,二者统一于“做”的活动中。

杜威认为,社会生活的经历是儿童的学习、训练和生长的基础和背景,而旧教育却不知不觉地从生活中完全脱离,教授给儿童的也大都是一些与社会生活无关的专门科目,这不仅违反了儿童的天性,而且也得不到好的伦理效果。在传统教育中,因为教材内容的专断性,在教法上也同样采取武断的灌输法。这好比是食物和消化的关系:消化的过程和结果取决于食物的品种与成分。好的食物是易于消化的,并且产生很多营养;反之,若好食物得不到消化,则毫无用处。教法来自于教材、服务于教材,因此,在编写或制定教材的过程中就应把教法的问题考虑进去,就应提出教法方面的要求。而编写或制定教材的过程又是与社会生活相联系的,从这个意义上说,教材与教法都是来源于社会生活的大背景之下,并且都是要对儿童产生实际的作用的,它们应当统一于“生活”。

按照传统的教育模式,所谓的教材就是要进行学习的材料,更多的是对知识的一般性介绍,而对通过材料的学习要达到什么样的目的注意不够。并且在那时的现实教学中,各科教材彼此独立、各立门户,各自都有其所谓教材编排的原则和目的,也都追求其自身所谓体系的完整,以至于在学校内,全部的课程和所有的学科都是自身现成存在的东西的简单梳理或传授,且和其他学科的关系很少涉及,它们除了提供一些材料外几乎和理智没有关系。显然,这样的教材和科目设计非常狭隘,不利于道德教育的全面开展和学生的健康成长。杜威在其著作中反复提及应当把道德教育的目的看作是各科教学的首要和共同的目的,应当将道德教育的目的贯穿于、渗透于各科教学之中,这一主张隐含着道德教育对于各科教学引领或统领的内在要求。他认为,“知道如何把表现道德价值的社会标准加到学校所使用的教材上,这是十分重要的”。对于各个学科教材的设计,例如,历史、地理、数学、美术等学科的教材都应该与实际生活紧密结合,都应当把“表现道德价值的社会标准”融入其中,而不应该是和生活实际绝缘的纯知识性材料的简单罗列或堆积。然而,现实的情况并不令人满意。以历史科目为例,通常情况下,由于教材编排的古板化,历史教学大都是按照历史事件的发生顺序进行流水账似的讲授,杜威认为,这样的教材是纯知识的罗列,这样的授课是传授死知识,不能激发学生学习的兴趣,对于学生的品德的形成也没有任何帮助。相反,如果历史科目能够被当作是与社会生活密切联系的一种社会生活方式的手段而进行教学,那么这门科目的教学过程就会因充满生气而具有积极的伦理内涵了。其原因就在于不是就历史事件来谈历史事件,而是将历史事件与现实生活相联系进行比较分析,这会使得学生从历史事件的学习中产生对于当今社会生活方式认识的启发,使他们逐渐理解人与人之间复杂的社会关系的由来和发展,逐渐认识、尊重和奉行人与人之间的责任与义务。毫无疑问,这样的教学才会是道德教育的有效环节。

从教材与教法相统一的原则出发,杜威要求彻底改变学校教学的一般精神,认为学校教学应着重通过教学培养学生的社会精神。在他看来,吸收或采用现成教材的教学法在本质上是极端个人主义的,教学法的运用与个人主义有联系。比如,在课堂上,全部儿童都做同样的"工作",制造同样的"产品",没有任何分工与分享的可能;并且,学校中的评价又是依据学生比其他同学成绩高多少来确定,使儿童过分求助于胜过别人来树立自尊,使个人主义对他们的影响更加深刻。在杜威看来,对教学方法的运用并不仅仅是教学的事情,也不能仅仅从教学角度来考虑,除了要有利于教学、有利于知识的传授之外,还要有利于儿童身心的发展、品格的完善。反过来说,对儿童身心、品格方面存在的问题,也要从教学工作、教学方法的运用来找原因。这个观点是值得重视的。杜威认为,新学校必须采用对儿童在建造、制作、创造方面的能力培养有吸引力、有针对性的教学方法,提供把伦理的重心从自私的吸收转移到社会性的服务上来的机会,手工训练、艺术都有参与的价值,有助于社会性习惯的发展;而学习与口述也应该本着实用的原则,使儿童能基于切身经验,将他人的知识成果转化为有助于个体开展社会生活的真知识。在教学的形式上,可以采用学生助教与不同学习材料心得交流的方式,打破静听模式。

## 二、关于道德教育的内容

### 1. 道德教育应帮助人们形成符合道德的习惯和品格

道德教育的内容与道德教育的涵义相关,要认识道德教育的内容就必须把握道德教育的含义。关于"道德教育"的含义,杜威的看法是,“一切能发展有效地参与社会生活的能力的教育,都是道德的教育。这种教育塑造一种性格,不但能从事社会所必需的特定的行为,且对生长所必需的继续不断的重新适应感到兴趣”。在杜威看来,道德教育的作用在于它的社会价值,道德教育的个体目的是培养“良好公民”,社会目的是民主社会的持续发展。

那么,道德教育究竟是要教会人们关于道德的知识还是要帮助人们形成符合道德的习惯与品格呢?杜威认为,当然是后者,这是旧社会与新时代的不同要求的一个表现。但是,在杜威那里,他所说的道德的习惯与品格又不同于传统的或旧教育的品格教育。旧教育中,统治阶级有一套固有的道德标准。无论其在实际上是合理还是不合理、对人们的生活是有用还是无用,它们都在固定的“道德课程”中被教授给儿童。在专门的品德课上,受教育者须牢记这些标准:关于“诚实”“忠诚”等美好字眼的定义。而这些定义往往是从遥远的过去、由远古的圣人或传说中的“神灵”所定义的亘古不变的所谓“真理”。杜威称这种传统的或旧教育的道德教育为“品格教育”,而他是明确反对这种“品格教育”的。杜威主张,道德教育要与民主社会的发展相适应,帮助人们形成与过去不同的、符合不断发展的道德的习惯与品格,这才应当是道德教育的重要内容。

### 2. 道德教育应让人们具有独立人格和道德判断能力

杜威认为,一个有道德的人应当是有社会责任感的。而在现代社会,这种社会责任感应当体现在帮助改良这个社会,而不是一味地服从与追随。而道德也渗透在人们生长的各个阶段与生活的点点滴滴之中,不是只在德育课堂上才有用。比如,你将成长为家庭的一员,承担着培养未来儿童、维持社会秩序的责任;你将成为一个工作者,从事着使自己有独立和自尊、并有利于社会的事业;你将融入某个团体,责献着生活的力量与文明的光彩……这一切都很具体、实在，都包含着对人们在道德上的一系列要求，这些也便意味着道德教育决不能仅仅囿于品德课堂，道德标准决不能遥远到人们所不能及的程度。而对儿童的道德训练也要遍及科学、艺术、历史，等等。因此，道德教育的内容绝不仅仅是教会儿童一些道德知识，而应在此基础上，重在让儿童有独立人格、有进行道德判断的能力。只有具备独立人格，才会有责任意识，增强社会责任感；也只有具备道德判断能力，才能够区分善恶，明白哪些事该做哪些事不该做，将社会责任感落到实处。

### 3. 道德教育的核心内容应当是“知识、情感、能力”

杜威认为，道德主要包括“知识、情感、能力”这三要素，因此，应当以“知识、情感、能力”为道德教育的核心内容。我们知道，杜威曾这样明确分析过三者的内在统一关系：“道德有三个部分：知识、情感、能力。先有了知识，了解事物因果利害即个人与社会的关系，然后可付诸行动。不过单有知识，而没有情感的激励鼓舞，还是不行的，所以要有引起他的欲望，使他爱做，对于社会有一种同情心。但是，单有知识、情感还是不够的，还必须有实行的能力，对于知道了要做和爱做的事情，用实际能力去对付它。”

为什么道德主要包括“知识、情感、能力”这三要素呢？应当怎样理解这三要素呢？我们可以看看杜威本人的论述。杜威在论及道德三要素时，他首先肯定了知识的重要性，认为道德是个体在具体情境中做好自己应该做的事情，而有助于做好这件事情的实用的知识都是这个过程的必然要素。杜威不但将知识纳入道德的范畴，而且将知识作为道德的首要因素，当然，这种知识必须是“实用”的。其次，杜威丰富了知识的内涵。杜威的知识观建立在知识与道德的统一关系之中，在这种关系中,道德是广义的而不是狭义的,知识也是广义的而不是狭义的,因此,知识不仅限于人际交往的知识,而且包括自然科学、职业等方面的知识,这实际上强调了知识的多样性、全面性。既然知识是多样的、全面的,那么人们对于知识的学习也应当是多样的、全面的,这有助于拓宽人们的视野,丰富人们的生活。最后,杜威着重地强调了知识的社会属性,认为知识是人们在社会性的经验中获得的,并且用于人们社会性的活动之中。既在社会的发展中不断更新知识,又在社会的发展中不断运用知识,这样的知识才是社会所需要的知识,也才能发挥其最大的社会作用。

在杜威的道德思想中,情感也占有重要地位。不过,与对知识的阐述一样,杜威对情感的阐述也是广义的。在杜威看来,情感主要指兴趣与责任。针对人们对兴趣认识的一些误区,他认为,不应该将兴趣狭隘地理解为对个人功利的追逐。所谓兴趣,表明的是自我与世界在一个向前发展的情境中彼此交织在一起的状态。这强调的是从个体与社会的联系中来看兴趣。而且,兴趣是个体行动不可缺少的,一个人必须对他所做的事情有兴趣、感兴趣,他才会去做,并且尽力做好。由此推论至学校教育、推论至道德教育,杜威指出,学校对"有用好人"的培养,不是要培养学生遵守固定道德规范的自觉性所需要的坚强意志,而是要培养学生对承担社会责任的主动兴趣。有了这种主动兴趣,学生就会去承担社会责任,就会去克服承担社会责任过程中面临的困难。

论及"能力",杜威同样认为其在道德中占有重要的地位。他对能力的阐述延续了对知识、情感阐述的思路。他不是从个人角度来谈能力,也不是从一般性知识的运用角度来谈能力,仍然是从个人与社会的关系的视域来看能力。他强调,只有个人为社会服务的才能,才能称之为能力,首先肯定了其社会性。按照杜威的观点,一个人如果不为社会服务,纵然有其才能,也是不能称之为能力的。其次,杜威认为,个体的能力不是抽象的能力,而是与个人的目的、价值观紧密相关的。这就是说,能否发挥才能、能在多大程度上发挥才能,是要受到个人思想的支配和制约的。有了为社会服务的人生目的和价值观,个人就能最大限度地发挥其才能,使其转变为能力;没有为社会服务的人生目的和价值观,个人就很难充分地发挥其才能,才能就难以转变为能力。

由上可知,杜威对知识、情感、能力都作出了与传统观点不同的阐述,他将这三者看成是道德的三要素是有其特定内涵的,也是有其时代背景的。并且,他辩证地将道德的三要素统一于"实用性"与"社会性"之中,强调道德的三要素是道德教育的核心内容。这是我们在认识和理解杜威的道德三要素时所应当注意的。

从道德教育的核心内容"知识、情感、能力"出发,杜威对与道德教育相关的内容进行了论述。比如,杜威认为,道德是个体的社会智慧、社会能力和社会情感的合金。由此,杜威主张,最高的道德动机和道德力量就是"社会性的智慧——观察与理解社会状况的能力——和社会能力——经过训练的控制能力——为社会的利益和目标服务的工作"。又比如,杜威认为,培养学生的社会智慧、社会能力和社会情感是学校教育的道德目的。由此,他将教育目的(教育的社会目的)界定为"养成配做社会的良好分子的公民",并认为教育的社会目的就是教育的道德目的,全部的学校活动都应围绕这一目的而组织。这体现了杜威将道德教育与教育相融合以及道德教育需要系统化推进的思想。再比如,杜威认为,教育的道德目的应该贯穿一切教学。但如何做到这一点呢?教师和学生的直接的、即时的注意力不是必然在大部时间内放在智力问题上吗?杜威认为,各种学科"如语言、文字、算学、历史、地理、物理、化学等,不但使学生记得,还要使他懂得社会方面的重要”。教学、管理能否培养学生的社会智慧、社会情感和社会能力，是杜威教学论、管理论关注的根本问题。所谓“根本”，指关于教育的道德属性或社会属性的思考提供了杜威教育思想探索的强大动力，杜威正是由此出发去审视传统教育或旧教育的弊病，进而提出了全新的教育观和道德观的。他跳出了传统的将道德教育看作学校中的独立部分的实体化思路，将过去人们认为的孤立的道德教育目的转化为教育的道德目的，在教育目的的层次上将道德教育与教育等同起来甚至融合起来。这无论对传统的教育学还是传统的伦理学都是一个超越。杜威向来是基于社会与个体统一的民主立场，在社会语境中讨论儿童问题的。他之所以主张解放儿童、促进儿童生长的教育思路，恰恰是由于束缚儿童的传统教育不利于个体成长为社会的良好公民，而解放儿童的教育思路能够发展儿童并维护、促进社会的发展。那么，应当如何变革学校教育，使之成为道德的教育呢？杜威在《教育中的道德原理》中简明扼要地列举了考察教育的社会方面和心理方面的道德标准。其实，这些不仅仅是道德标准，而且是工作要求，是学校在办学过程中应当落实的。比如，就社会方面来看，社会智慧、社会情感和社会行动能力这三者固然重要，但它们能否得到发展并有机配合，关键在于学校生活的性质和学科教学的内容与方法，如果这些不明确、未跟进，再重要也难以体现、难以到位。因而，与传统的观点不一样，学校应被看成、建成为其本身就有社会生活的社会机构，学校作为社会机构应当与社会加强联系，学校本身在精神上应能代表真正的社会生活；学校教学过程应着重学生的塑造和发展，通过教学增强学生的社会责任，培养学生的社会精神，引导学生努力为社会服务；应明确选择教材与判断教育价值的社会标准，把每门学科看作是使儿童认识社会活动的情况的一种工具，使他们乐于学习和掌握，而并非被动地认知和接受。又比如，就心理方面而言，社会智慧、社会情感和社会行动能力的内在基础是个体的判断力、敏感性和本能。因而，学校应该重视儿童自发的本能和冲动，把这种本能和冲动引向合理的方向，为其提供足够的发挥运用的机会，发展个体的积极的建设性的能力；应提供形成良好的判断所必需的条件，使儿童在形成和检验判断力中不断得到锻炼，坚持正确的，改正错误的；应提供师生之间、学生之间随意而自由的社交的机会，提供欣赏的机会，在交流中相互启发，在欣赏中相互借鉴，使儿童的同情心、是非感和灵敏性得到正常发展。其实，这三种心理标准的满足，也是依据学校生活的性质与教学方法的性质，而这就涉及道德教育的社会标准问题了。因而，可以说，杜威关于“道德的教育”的社会标准与心理标准是相互支撑、有机结合的，重视其中的一个方面而忽视另一个方面，都不可能达到道德的教育的目的。

**4. 道德教育应当是形式与内容的统一**

受20世纪形式主义道德哲学的影响，那时的道德教育理论是强调形式重于内容的。杜威对此有不同的看法，在他看来，道德教育实质上是内容与形式的统一，对内容或形式的二元划分是荒谬且毫无意义的。杜威认为，道德教育的形式与内容的统一，重在过程与内容的相互作用，重在培养人的道德习惯。而道德习惯则是个体一个反复的适应和调整的动态过程，个体在适应中调整，在调整中适应，这是个体与环境的相互作用的表现，也是个体经验与具体事件的相互碰撞所产生的火花。杜威非常强调在适应与调整的过程中受教育者的理智能力的积极作用，强调对儿童的好奇与冲动的开发与利用，重视道德的获得过程而非最终结果。

## 三、关于道德教育的方法

杜威认为，道德教育与教育在目的上是一样的，在方法上也是相互为用的,从这个意义上说,教学方法也是道德教育的方法,是培养儿童道德品质的主要手段。因此,学校的教学方法的重点不是单纯让学生接受知识、吸收知识,而是要激发学生创造的本能,培养学生的道德品质。学校开展的各项活动,更应该强调学生之间的合作与交流,使学生们在共同的活动和相互的交流中,养成好的道德品质并认识到他们所从事活动的社会价值,以此来培养学生们的优秀的社会精神。

教学方法与教育理念密切相关,要解决道德教育的方法问题,就必须首先解决道德教育的理念问题。有鉴于此,杜威在提出自己的观点的同时,对传统道德教育包括其方法进行了有力的抨击。杜威认为,我们关于道德教育的概念是太狭隘、太注重形式、太病态了。所谓"狭隘",指就道德教育谈道德教育,而且所谈的道德教育还是传统的特别是落后的道德教育,已经跟不上时代发展的需要了。所谓"太注重形式、太病态了",按杜威的说法,指把伦理这个名词与某些贴上美德标签、从大量其他行为中分离出来的、与履行这些美德的儿童的惯常形象和动机更加分离的某些特殊行为联系在一起。道德教学因此与这些特殊美德的教学联系在一起,或与同它们有关的某些感情上的灌输联系在一起。如此一来,道德就成为非常伪善的东西。而学校为了使其工作能够维持下去,制定了各种规章和条例,以对学生进行制约或约束。比如,学校将工作的重心建立在纠正学生的行为偏差上,而不是积极地促进儿童内在的生长,养成儿童的道德观念上。这种以纠正为主、以惩罚为导向的道德教育当然是有偏差的,对儿童而言甚至是专横的;即使学生在学校中养成果断、条理、勤勉等习惯,也仅仅是在某种压力下形成的行为趋向,不可能是自觉的、理智的认同,志趣的渴望。因此,这些"优良的习惯"也不可能形成巩固、持久的行为动机。这种道德教育在方法上的问题是显而易见的,而其在理念上的问题更是深层次的。不更新理念,就解决不了方法问题。与方法问题相联系,教材问题也比较突出。杜威认为,学校的道德教育无时无刻不在进行,其主要因素是各科教材。各科教材的社会性是实施道德教育的重要保证。然而,现有的各科教材却承担不了很好地进行道德教育的使命,因为传统教育中一个重大缺陷正是在各科教材上,它们普遍缺乏社会性,反映社会需要不够,导致学生的现有能力与社会需要相脱离。教材的局限性又直接影响到教育教学,就像杜威所说的那样,现在的道德教育中智力训练和道德训练之间的可悲分割,使得获得知识和性格成长之间的可悲分离。而且,在杜威看来,即便是学习知识,其目的也不在于知识本身,而在于知识的实用价值。这同他的实用主义哲学是相联系的。如果知识缺乏或不具备实用价值,无助于人们认识、解决他们面临的具体问题,那么这种知识再多,其用处也不大,也不值得人们花时间和精力去努力学习。杜威强调,对各个学科的学习将成为鉴别现在生活的有效力量,要把一门学科看作是儿童认识社会活动情况的一种工具,儿童通过掌握这种工具,可以认识和参与社会活动。这样,学生才能对学科所包含的社会精神发生兴趣,并有效地"建设与发表"。

杜威指出,在传统社会,许多学科往往只强调学习系统的理论体系,或追求教学的高效率、高质量,而不把道德教育纳入学科教学的目标之一,仍然把道德教育与学科教学相分割。殊不知,道德教育与教育是一致的,把道德教育目标从各科教学过程中剥离出来所进行的教学称不上是真正意义上的教育,这种教育在追求知识和技能的同时有意无意地放弃了对善的热情和向往,失去了道德热情,是没有了方向的教育。这种情形在教材中有明显的表现。关于教材上存在的局限性或问题,杜威已经作过一些阐述,在这里,他继续从学科角度加以分析,概括起来大致有三个方面。首先,由于课程的教材内容与受教育者所看到的、所听到的、所想到的东西没有任何有机的联系,存在相当的距离,因此,变成了单纯的形式和符号。那么,这样的教材有什么意义、能起到什么作用呢?杜威认为,它只能使知识成为单纯形式的和符号的、僵死的和贫乏的东西,单纯依靠纯粹的记忆和机械的陈规旧套,因而,对受教育者的心灵是一种折磨和一种可怕的负担。既然是"折磨"和"负担",那么受教育者就很难认真地去学习和掌握它。其次,由于课程的教材脱离受教育者具体的需要和经验,成为一种消极机械的训练,教材变成一种只是被迫记忆的东西,使得受教育者的兴趣和情感被漠视和扼杀,阻碍着对受教育者道德上的培养和锻炼。再次,由于课程的教材提供给受教育者外加的和现成的形式,与受教育者缺乏在心灵上的沟通,因此,它们不仅没有那些真正激发思想的特点,而且也没有逻辑的价值。缺乏激发思想特点和逻辑价值的教材即便从知识传授的角度来说也是不合格的,这种教育的结果只能使受教育者既得不到在逻辑上和系统阐述的指导,也不能得到思维能力上的充分发展,当然达不到道德教育的目的。这一切表明,传统的教材承担不起民主社会发展对它所提出的责任和使命,对传统的教材进行改进势在必行。在杜威看来,当一门学科是按照了解社会生活的方式去教时,它就具有了积极的伦理意义。他认为,道德教育与教育是融为一体的,教师应该通过教材、教学、教法的统筹兼顾来进行道德教育。一般而言,教师大体上是正确的,如果他们错了,也不是因为他们没有留出毕竟只能是关于道德的教学专用课时,而是因为他们的性格或他们学校中的气氛和理想,或他们的教学方法,或他所教的教材不能详细地使智力的成果同品德生动地联合起来,以便使他们成为行为中起作用的力量。杜威的分析具体而深刻。对儿童进行道德教育,涉及到方方面面,需要具备一系列条件,也可以说是一个系统工程。从教材角度而言,是从内到外的过程,应当根据社会发展需要编写好教材,将教材中所包含的丰富的社会道义与学生的现实生活有机地结合起来,使教材充分发挥其应有的作用;而不应当是从外到内的过程,将所谓的道德原则与教材结合起来,但由于脱离社会实践和学生实际,使教材内容空空,无所价值。

杜威的教育理论不仅对当时而且对后来美国甚至世界范围内的教育发展都有多方面的影响,已经并将会继续引起人们的注意。杜威强调“从做中学”,在道德教育上,他批评一般的学校中道德教育脱离生活、流于口头说教,强调要以探究、商量和讨论的方法促进学生道德成长、解决实际的问题;他反对将道德教育局限于“品德课堂”,认为应在参与社会生活的活动中形成学生的道德判断力,强调实践经验的教育力量;他认为将学校与社会隔离是愚蠢的行为,学校是社会的一部分,课程、教材及教法要统一于社会生活,方能发挥社会和学校的道德教育的合力作用。

从其实用主义教育思想出发,杜威指出,学生的道德教育不能仅仅局限于学校的工作计划和专业课程,而应该在每周五天中,每日每时每刻都在进行道德教育,即通过各门课程、运用各种教材、开展各种活动,等等,来综合进行道德教育。因为如果仅仅依靠道德的专门训练来进行道德教育,不仅在数量上是微小的,而且在影响上也是微不足道的。为此,杜威提出了在当时乃至于今天在道德教育中仍具深刻意义的命题:“通过学校生活的一切媒介、手段和材料,更大范围地、间接地和生动地进行道德教育。”

杜威认为,要全方位地对学生进行道德教育,学校首先应提供对学生进行道德教育的有利场所。这个场所不能与社会无关,更不能与社会隔绝,因为儿童的生长和教育不能脱离社会。这就如同一个人仅仅在陆地上练习游泳所需的各种动作,在水中仍只有沉没一样。因此,学生如果不能在学校中接触典型的社会,或参与一定的社会活动,他们将无所适从,也不能适应任何生活岗位。

杜威认为,要全方位地对学生进行道德教育,学校还应为学生提供社会生活的材料。学校应加强与社会的联系,但学校道德教育的特殊性,决定了学校不能完全等同于社会。那么,应怎样处理好学校与社会的关系呢?或者说,怎样才能使学校符合社会的要求呢?在杜威看来,学校应是:其一,把错综复杂的社会环境加以简化和整理,选择能为青少年接受的内容,然后建立一个循序渐进的秩序,让儿童逐渐了解复杂事物,达到其生长的目的。其二,把现存的社会风俗纯化和理想化,尽可能排除现存环境中无价值的特征。其三,由于每一个儿童接触的日常范围有限,学校应当创造一个比青少年任何自然时可能接触的更广阔、更美好的平衡环境,使儿童在一个典型的小社会中受到反映社会生活各方面的影响。只有当学校能在这样的一个类似社会的小社会里对学生进行道德教育,引导和训练每个儿童成为社会的成员,用服务社会的精神熏陶他们,并赋予其有效的自我指导的工具时,学生才能从最广泛最自由的角度适应社会并担负起对社会的责任。

杜威的观点无疑是深刻的。道德教育本身具有社会性,道德教育的资源来自社会,道德教育的过程与社会相连,道德教育的成效需要在社会生活中检验。实践证明,脱离社会环境的道德教育不仅因学生社会精神的缺乏而造成教育投资上的巨大浪费,更重要的是,因道德教育脱离社会而显得苍白和伪善,它对儿童人格上的消极影响将是无形的和巨大的。

杜威曾经批评过,他那时的课程教学以个人的被动接受和竞争性的背诵作为基础,这对培养儿童的社会责任心是有害的。为什么这么说呢?因为这种教学、这种方法几乎没有让每个儿童完成一点专属于他自己感兴趣的东西,又不能够让儿童参与一些别人的制作活动,全体儿童都做同样的工作,制造同样的产品,在这种情况下,社会精神就不可能得到培养,因为儿童相互之间没有分享也没有贡献与交流。缺乏了社会精神,学生便缺乏学习的内在动机和支持,教师就只能简单地依靠外在的刺激来强化学生的学习动机,比如,教师的肯定、家长的表扬、同学的羡慕,等等。而为了获得各自的成功,群体成员会想尽办法为他人的进步设置障碍。那些在竞争中屡屡失败的成员或自暴自弃,萎靡不振,对于学习和未来美好生活毫无信心;甚或攻击他们眼中所谓的"另类人",即那些成绩骄人的优秀生。对于那些得高分的好学生而言,他们努力追求成功的动力来自于一系列的外部原因。教师的肯定、家长的赞许、同辈们的钦慕这些外在因素成为其勇于竞争的助推力。于是,"儿童过早地被置于个人主义的竞争中,'竞争'成为唯一的标准,自私自利的动机得到培养"。相互帮助这一最为原始和自然的合作方式却被看作是一种罪过,成了减轻对方任务量的偷偷摸摸的行为。儿童生来就要发表意见、做事、服务的天然欲望因受到压抑而逐渐萎缩,社会精神得不到发挥和利用,一种反社会精神的影响便会越积越多,并超出我们的想象。长此以往,学生就会形成自私自利、个人主义的品质。一旦这种品质形成,必将影响到他们的行为方式。基于此,杜威主张在教学过程中,不应该注重结果的获得,而应该重视教学过程中的讨论、分享、交流和合作。换言之,在他看来,教学方法的运用不是小事,要诉诸培养学生主动建设、创造的能力,要着重培养学生为社会服务的精神和品质。只有当教学方法中渗透了社会精神并得以恰当运用,教学方法的社会性才能得到体现,教学方法才有助于实现道德教育的目的。

早在一百多年前,杜威就对诉诸自私自利、个人主义的教学方法给予了无情的批判。然而,反观今日中国教育的实践,便会发现,曾经为杜威所不认同或所批评的某些现象至今依然不同程度地存在。比如,有的学生为了获取高分,赢得老师的赞赏、家长的赞美和同学的羡慕,在明知同学学习上有困难的时候,不仅不帮助,反而提供给同学错误的答案,甚或为了自己考试的顺利,故意告知伙伴虚假的信息,以使之失利。无论是同学间私下里的不当竞争还是同学相互间的不信任,可以说在学校都表现得比较明显,在诉诸自私自利的个人动机下,一些学生的社会精神正在慢慢泯灭。在社会生活中,在班级生活中,一些学生不关心与自己不相关的人或事,甚至对与自己有关的人或事也是漠不关心,这些也可以看作是被杜威当时所批评的某些现象在今天的一种直接的、现实的表现。又比如,就我国当前的教育改革来说,各级各类学校在教学中、在课堂上都在提倡小组合作、小组交流的方式。如果一堂课没有根据教学内容的需要恰当运用小组合作、小组交流这些方式,恐怕就不能称它为一节好课。根据学生学习成绩、学习能力的不同,将他们以小组的形式组织起来,强调在学习过程中,通过小组内的交流、合作、帮助,使所有学生都能够充分理解教师课堂上或教材中所要讲的内容,是时下流行的小组合作的主要目的所在。这种小组合作方式在教学中是发挥了一定的作用的。然而,这种异质能力分组的小组合作的目的和意图与小组合作最初产生的本意并不是完全相同的。事实上,小组合作最初产生时指向培养学生合作、分享的能力以及其与人交流、沟通的能力,它强调学生社会精神的养成,着眼于形成学生的社会性。但是,一些教师更多地视小组合作、小组交流为一种学习的方式和手段,运用它主要是解决学生知识学习的问题,并没有充分意识到如何利用小组合作、小组交流来培养学生的社会性。其实,既然采用了小组合作、小组交流,为什么不能进一步发挥它们的教育意义和社会价值呢? 现在看来,教学方式、方法和手段的社会性是很值得我们重视的,对这个问题的认识还不能说已经完全形成共识了,这个问题在教学实践中也不能说已经完全解决了。教学过程中,不仅要将社会的标准和价值应用于学校中的教学内容和教的过程,而且要使“教”这一行为具有道德意义和社会意义，从某种意义上说，这后一个方面是现在学校教育教学的短板，需要切实改进和加强。

### 1. 运用探究、商量和讨论的方法，以解决问题促道德成长

杜威认为，理想的道德教育的方法应是“民主的”“科学的方法”，即运用智慧进行探究、商量和讨论的方法，以解决问题促道德成长。这是针对传统道德教育提出的。传统道德教育大多采取强迫灌输的方式，由教师把一套僵硬的道德习惯、固定的行为准则强加给儿童，“灌进等待装载的心理和道德洞穴中去”。这种方法是过去延续下来的、在当时占主导地位的道德教育方法，它并不考虑儿童的心理状况与智力水平，所灌输的内容也不能为儿童所领悟，自然就更不能对他们起到什么作用。而实际上，在社会生活中、在适应环境的过程中，每个人包括儿童都会遇到包括道德在内的各种问题。人与环境相互作用。这种“相互作用”，必然不能是强制灌输，而是需要激发儿童的创造性的智慧，利用儿童的好奇心、反省思维和寻找答案的态度，师生共同对道德问题进行积极的讨论和探究。在《今日世界中的民主与教育》一文中，杜威指出：“不管学生的经验背景在某一时期是如何贫乏和微薄的，只有当他有机会从其经验中作出一点贡献的时候，他才真正受到教育；最后，启发是从授受关系中，从经验和观念的交流中得来的。”

如前所述，在杜威看来，道德教育的目的不在于“关于道德的观点”的灌输，而在于道德观念的内化与道德习惯的养成。社会生活是复杂的，道德问题也是多样的。为了让儿童在面对社会生活、道德问题时不至于手足无措、难以应对，杜威认为，教师可以在教育教学中设计一些道德两难的问题，引起学生的讨论与思考；也可以将现实生活中的道德难题交给学生，激发学生对生活与道德问题的探究。在杜威看来，这些方法不仅可以培养儿童的民主、合作的态度，也可以提高他

们的道德判断能力和道德思维能力，让他们学会如何鉴别、如何选择、“如何决定做什么”，其道德才能成长，其个体才能提高。只有这样，在面临实际问题时，在将来的社会生活中，他们才能恰当应对，承担起多方面的社会角色与社会责任，适应多种社会职业。

杜威认为，传统的强制性灌输的道德教育方法之所以不可行，就是因为它们是由教师把一整套设定好的行为规则或僵硬的道德知识强制灌输给学生，这种学校道德教育模式没有顾及学生本身的心理状况和实际的智力水平，且大多数的教育内容与学生的社会生活经验脱节，导致学生没有办法正确领悟，也就没有办法培养学生形成道德观念。传统的道德教育方法所灌输的知识是脱离实际的，其方法本身也是脱离实际的，它们当然不可能取得好的教育教学效果，而且会给学生带来一些负面影响。在杜威看来，学校道德教育是一个师生共同参与的过程，在这个过程中，教师有教师的作用，学生有学生的作用。因此，不能仅靠教师单方面的灌输，而应该在正确发挥教师作用的前提下，充分发挥学生的主观能动性，引导学生以道德的“自我观念”来约束和规范自己的言行。这种道德的“自我观念”的形成需要采取一种相互商量、合作探究和深入讨论的教育新方式来实现。正是在这种师生之间、生生之间相互商量、合作探究、深入讨论的过程中，不断解决面临的道德问题，不断实现大家共同的成长。

**2. 实施实践经验教学法，在参与社会生活的活动中形成道德判断力**

道德教育中，“从做中学”就是强调在实践中、在活动中培养人的道德品质，在人的行为习惯中表现道德。杜威认为，一般学校中，道德教育流于口头说教、道德知识脱离实际活动，这种教育方式犹如不下水却要学习游泳，是不会有好的效果的。而只有在实践中、在活动中，道德知识方能被掌握，道德品质才能被养成。这二者永远是一起发展的。若把道德仅仅看成是“内在之物”，若把道德仅仅看成是个人的事，这就把学生的身心隔离、把人和人之间的关系隔离、把个人与社会隔离了。在杜威看来，道德教育并不神秘，也并不玄妙，可以说，一切能发展社会生活能力的教育，都是道德的教育。道德教育就蕴含于培养社会生活能力的教育之中。若学校与社会脱离，学校所教授的知识不能运用于生活，那就使学生难以适应社会生活，那也就无益于学生的品德的形成。他坚信，“除了参与社会生活，学校就没有道德的目标，也就没有什么目的”。所以，他主张实施实践经验教学法。

杜威指出，传统教育的失败原因很多，首先在于它只是把学校仅仅当作传授知识、学习僵死的课业和培养某些固定习惯的场所，却没有认识到或者说忽视了学校本身就是社会生活的一种形式。不仅如此，学校与社会联系不多，校内外宛如两个世界，而且对儿童与成人的行为有两套伦理标准。而对于儿童来说，对他们所教授的内容不仅仅是僵硬固化，还与他们长大后将面临的生活与社会不相符合。无论他们能否接受，在学校所学的东西并不能成为他们生活经验的一部分，也并不能提高他们的道德修养，反而成为他们道德训练的障碍。杜威认为，要促进儿童的道德成长，就要让学校生活成为社会生活的一部分，着实解决儿童成长过程中面临的各种实际问题，尤其要使他们在参与社会生活的活动中形成道德判断力。杜威强调，教师的责任就在于，要在教学活动中设置一些道德情境，让儿童去面对一些道德两难问题，通过对这些问题的认识和探索，加深他们的体验、激发他们的思考、作出他们的选择；学校应该作为儿童道德发展的实验室，通过科学有效的教育教学，给予儿童正当的行为动机和道德行为判断标准，使得他们在集体生活中受到适当的刺激和控制。应当注意的是，校内外统一的伦理标准，并非是指以成人的标准要求尚在成长中的儿童，而是强调社会生活的整体性、完整性，强调要将儿童当成一个独立的个体来看待,他必须学会像一个整体的人那样去过他的社会生活,他必须能够适应各种复杂的社会生活。

在主张实行实践经验教学法时,杜威反对学校为使儿童形成某种习惯而对其采取惩罚的模式。他认为,惩罚所带来的效果是消极而被动的,给人带来的并非心理上的服从或道德上的提升,而仅是恐惧、胆怯与规避,还会限制儿童的创造性精神。这种教学模式不可持续。要允许儿童进行自由探索,也要允许他们在自由探索中犯错,唯有在发展中不断更正自己的判断,才能学会掌握研究问题和解决问题的方法,获得身心的共同成长。在杜威看来,最好的和最深刻的道德训练,恰恰是人们在工作和思想的统一中跟别人发生适当的关系而得来的。

**3. 践行社会和学校共同培育法,发挥课程、教材及教育方法统一于生活的道德教育力量**

针对学校教育中往往存在着与社会脱节的现象,杜威指出,学校是社会的一部分,学校生活是社会生活的一部分,学校对儿童的道德教育是要承担推动社会进步的责任的。他认为,学校教育应有目的地传播文化与社会文明,促进社会进步。因此,他提出教育应当与生活相结合,也就是"教育即生活"等主张。

杜威指出,学校生活不能脱离社会生活,道德教育不能脱离社会生活。脱离生活的道德教育就如同不下水而学习游泳,却只是反复练习那些游泳所需要的各种动作,到了水里就只能"沉没"。学校与社会生活的结合,是指学校在进行道德教育、道德训练时,应充分体现出社会精神和社会生活方式,学校和社会共同培育学生道德。如此多方面的道德教育、道德训练会使得学校成为社会生活与学生生活的结合点,有利于培养出学生服务社会的品质,并且使他们将来在社会生活中能承担多种社会责任和社会职业。同时,杜威也批评了那些只为维护学校管理、遵守学校规定，而与社会生活中的道德问题毫无关联的、重在批评、处罚与矫正的行为，认为这样的行为只强调形式，却对受教育者的道德品质的形成与积极提升没有任何帮助。

杜威主张道德教育应全面融入学校的教育教学。在杜威看来，道德教育由于其具有的广泛性、多样性、渗透性等特点，它是不能作为独立的学科来传授的，如果将道德教育从其他教育中单独脱离出来，在其他学科之外单独开设道德教育的学科，那是非常有害的，对道德教育起不到任何作用。只有将道德教育融入于各学科之中，各学科都在教学中进行道德教育，才能真正达到道德教育的目的。与传统观点不同，杜威并不认为通过专门开设道德的课程或科目就会起到更好的教育效果。他指出，平常人们对“道德”的理解上有错误，这个错误在于都以为道德这件事是孤立的，于是就需要特别开辟一门科目来讲授并培养道德品性。这种做法看起来似乎重视道德教育，客观上没有什么益处。不但没有益处，而且会带来副作用。实际上，一个人道德品性的形成是一个整体的过程，它与学校的一切生活和精神氛围都有密切的关系，它受着各门学科的影响，学校环境对其形成整体的教育因素。所以，要取得道德教育的效果，就不能从单独的某一方面下功夫，也不能奢望通过单独开设道德课的方式来提高道德教育的效果。他认为，道德教育应融入在校园生活的各个环节、各个方面、各个角落。对杜威的这个思想，需要进行深入的探究。

根据道德教育应全面融入、全面渗透的认识，杜威建议可用间接的道德教育模式代替直接的道德教育模式。悉尼·胡克在为杜威的著作《教育中的道德原理》所作的序言中对杜威的这个建议表示肯定，他说：“在一切有关道德教育的偏见中，最为根深蒂固的也许是这种信念，即它可以作为一部与学校课程中的所有其他学科毫不相关的孤立的教材而被教授；不管是借助于训诫还是相对而言较不明显的方式，进行道德学说的教学,能将可以接受的道德行为模式逐渐灌输给那些处于这种教育制度之下的儿童。”也就是说,人们一直以来已习惯于把道德教育当作一门独立的科目来讲授,采用的也是与其他课程、其他学科没什么联系的教材,更多的是停留于课堂语言和文字的讲授,而这种以语言和文字的方式讲授“关于道德的观念”的教育模式,对个体道德行为习惯的养成和具体道德问题的解决并没有太大的帮助。间接的道德教育模式也许有助于解决这些问题。

在杜威看来,学校教育是课程、教材与教法的统一,三者缺一不可;学校的道德训练更是要融入课程、教材与教法之中,同样是三者缺一不可。道德训练要与生活相联系,课程、教材与教法也要统一于生活。前文已经论述了道德训练要培养的是个体的道德观念,而并非只是灌输“关于道德的观念”;道德训练也不是集中开一些“伦理课”,而是要将道德训练融入到每一个教学之中,无论是课程教学还是课程管理。因为道德问题与道德需要是无处不在的。当然,学校不可能把全部的精力都用于道德训练,除了道德训练之外,还有许多其他方面的训练,但实现道德教育却恰是各科教学首要和共同的目的。要通过各科的教学发展儿童的道德,首先,就要求教材必须联系社会生活,使得相应的课程能真正成为教会儿童掌握应对未来生活的工具,这样的教学才具有积极的道德意义。也唯有这样的教材与课程,才不违背儿童的天性,儿童才能从心理上接受之,并将其内化为自己的知识。其次,要求有生活化的教育方法,发挥教法的道德教育作用,还有完善管理制度,因为“一切制度都是有教育作用的”。要通过教学方法和管理制度的作用,让儿童有为社会服务与贡献的动机,并好好地引导与利用之。也就是说,要为受教育者提供一定机会、营造教育情境,以有助于其良好的社会性习惯的养成。

杜威的道德教育思想,不是无病呻吟而是针对既有道德教育的不足提出的,但他并不仅仅是批评,而是在批评中有建树,有他关于道德教育的许多思考。因而,他的道德教育思想必然包括着相辅相成、紧密相连的两部分:一是对传统道德教育的批评,二是对新型道德教育的建构。杜威关于道德教育的批评不少,比较典型的是其在《教育中的道德原理》中的这一段精彩论断:“我们关于道德教育的概念是太狭隘、太注重形式、太病态了。”被杜威斥为“狭隘、注重形式、病态”的,一方面是指导学校德育的道德观念或理念,另一方面是学校中通行的道德教育方式或方法。相比较而言,道德观念或理念对人们的影响、对实践的影响更大一些、更多一些。传统伦理学体系中的道德观在教育领域的延伸,主要就是传统道德教育思路中的道德观念或理念。由于长期以来宗教道德的宣讲统治着道德教育,使人们对道德的认识和理解比较僵化、呆板,于是,人们习惯于认为,其一,道德是固定的、规定人与人关系的美德,如诚实、贞洁等,或者就是“某些贴上美德标签的、从大量其他行为中分离出来的某些特殊行为”。这种道德观不考虑社会生活的发展变化,不考虑个体生活的实际情况,不考虑个体解决具体问题所需要的各种知识、技能、品质。这种对道德的狭隘理解,不仅导致人们在社会生活中面临复杂的道德问题时难以有效应对,而且导致人们将道德与科学直接对立的普遍社会观念,因为按照狭隘的道德观,具体的、日常的科学知识是与道德无关的,这种狭隘的道德观对道德和科学的发展都不利。其二,道德是独立的系统,与学生生活的实际无关。在社会生活以及学校教育中,道德成为一种单列的系统,“诚实”“友爱”成为对于个体行为的一种唯一的要求。而事实上,个体在实际活动时需要考虑的因素是很多的,有道德的因素,也有非道德的因素,各种因素是相互联系的;在日常生活中,个体的动机也是丰富的、多样的,并没有纯粹的、仅受“道德”动机支配的行为。这种形式化的道德观对个体发展所造成的影响就是人的思想的凝固和行为的刻板,在丰富多彩、变化多端的现实社会生活中不能综合考虑情境中的各种问题、各种需要,而只能简单地按照某种所谓固定的规章办事,对这样办事的后果或效果则不太关心。其三,“道德的”就是不违反规范,道德的人就是严格遵守道德规范的人。道德作为人类生活的准则,本应是为人类社会生活有序进行服务的,是激励人们向上向善的强大力量。但传统道德主要是一种“否定性的品德”,它要求个人不应这样,不得那样,恪守规范,将不违反规范作为“善”的首要标准,而不考虑如何提振人们的进取心,如何改善人们的精神面貌,也不考虑个体能否创造性地解决社会问题。按杜威的说法,这种道德观,将禁止比能力看得更高,“无异于说死比生更重要,否定比肯定更重要,牺牲比服务更重要”。这种病态的道德观导致病态的“好人”观,即衡量一个人是否“好人”,就看其能否恪守规范,其他的因素不在考虑之列。因此,就造成了这样一种现象,“好人”能够恪守规范,但这种“好人”并没有积极的自主判断与选择能力,在变化了的社会条件下不能灵活应对,不能及时察觉他人和社会的需要并予以回应;这种“好人”往往无功无过,庸言庸行,在社会变革的时期不能促进社会的发展。这些,都是在传统观念影响下所形成的当时的人们对道德认识上的一系列误区。

传统道德观念的陈旧和落后直接导致了学校道德教育的安排以及道德教育方式方法等方面的诸多问题:其一,学校道德教育的狭隘化。杜威认为,由于传统道德教育的目的限定于一些固定美德的传授,片面要求学生遵行所谓的美德,因而不考虑对学生的丰富生活和健康成长的指导。在具体实施方面,道德教育成为与其他学科并列的、以伦理美德故事和规范为核心的科目。道德教育主要传授这些美德故事和规范,它们也许有一定的意义,但它们与学生的实际联系不大,使得道德教育成为了道德知识的教学,以及对学生虔诚、恭敬等情感的培养,成为学校教育活动中的独立部分。其他的如数学、地理、化学等科目被看作与道德教育无关,一般教师也把育德责任推卸给德育课教师,道德教育和作为学校中心工作的学科教学被视为学校教育的两个不同方面,这既使得道德教育狭隘化,也使得其他学科在道德教育方面的功能未能充分发挥。其二,学校道德教育的形式化。在固定的道德教育课或道德教育活动时间里,教师对某种美德进行讲解,并指导学生进行合乎美德的活动,这能够在一定程度上影响学生的行为习惯。但仅仅停留于美德知识层面的传授是远远不够的,因为在日常生活中,在解决具体问题时,美德只能是个体思考问题时所要考虑的一些方面,并不是“行为的目录”,更不是“像药方和食谱那样可以应用的一套规则”。深受形式化的道德教育影响的学生,可能是固定美德的践行者、刻板规则的遵循者,但不能在实际活动、实际经验中很好地分析、判断情境中的责任、是非,更不能真正解决具体的问题。就是说,形式化的道德教育无助于学生相应能力的培养。其三,学校道德教育的病态化。杜威对此进行过比较多、比较尖锐的批评。杜威认为,在很多学校里,在很多情况下,道德课和道德训练的重点被放在矫正错误行为而不是放在养成积极有用的习惯上,教师对学生的道德生活的关心所采取的形式是警惕其不遵守学校的规章。这样是不利于师生良好人际关系的建构的。从学生的立场来看,这些规章并不是社会生活所必需的,也并不是他们成长所必需的,而只是为了维护学校现行的工作方式而制定出来的,学校的道德训练是专横的。杜威指出,“儿童对自己在干什么应该有积极的认识,以便从他必须做什么的立场判断自己的行为。只有这样,他才真正有充满活力的标准,一个使他能够为了未来而从失败中吸取教训的标准”。由于种种原因,学生在成长中难免出现一些问题甚至产生一些错误,这些当然是需要通过提醒、引导使他们解决或克服的,但这些不是学生的本质或主流,那种专注于防止学生错误行为的道德教育阻碍了儿童理性发展的合理进程,使儿童只能被动地遵守、服从,从长远看,对他们的成长显然是不利的。

# 第四章

# 杜威道德教育思想的主要特征及基本评价

1959 年,在杜威的百年诞辰纪念会上,D·罗森(D. E. Lawson)曾说:“杜威,一个生长、变化和实验的哲学家,或许将长时期地停留在最常被误解和误读的世界学者名单上。作为一个充满矛盾的人物,他生前就看到其影响广及众多领域:教学方法和法学、心理学和伦理学、逻辑与法律、审美与国际关系、宗教与经济学、哲学与社会学。……他被冠以许多名号……在本世纪内,看来不大可能对杜威的影响做出一个有效的评价。”客观地说,这些说法是有一定道理的。50 多年后,对杜威的评价依旧众说纷纭、褒贬不一。之所以如此有争议,是因为杜威确实是一个在各方面打破常规、推陈出新的人。比如,他不仅精于教育理论的研究,也具有丰富的教育实践经验。他的教育理论是与其亲身实践紧密结合的,是有其亲身实践作为基础的。因此,他总能一针见血并且比较全面地指出教育方面过去存在的问题。他的教育思想固然有其一定的局限性,这是他难以完全避免的,在当时的历史条件下也是可以理解的,但他对传统教育的批判与分析、对新的教育模式的构想与设计,包含着许多积极的、合理的成分,至今还散发着夺目的光芒。

如同其他事物一样,杜威的教育观也不是无源之水、无本之木,而是建立在对前人相关学说辩证批判与吸收的基础上，建立在其哲学、心理学和社会政治观的理论基础上，建立在美国社会工业化、民主化的现实基础上。尽管杜威的教育观在形成、发展的过程中所受到的影响很多，但应当说这三个方面对他的影响最多、最大，在相当程度上预制了其教育观的特征。杜威的教育观是丰富的、多维的，在不同方面有不同的体现。比如，在社会政治方面的体现是倡导资产阶级民主主义，力图调和个人与社会的冲突；在哲学上的体现是以经验论作为方法论的基础，力求克服各种二元对立；在文化上的体现则是倡导科学方法，从文化层面上改良社会。杜威教育观的基本要求是实现教育的内在价值与工具价值的结合，使教育过程既是有乐趣的、有益于儿童个人健康成长的，又是富有实效的、有利于国计民生的。杜威教育观的直接目的是试图通过社会性、活动性、经验性的课程教学和教学方法的运用，使学生在掌握实用知识的基础上进而掌握科学的思维方法。从一定意义上说，杜威的教育观既源于现实又高于现实，既是现实主义的又是理想主义的，体现了现实主义与理想主义的结合，也体现了批判与建构的结合，他希望通过教育这种手段使更多的儿童、学生成为社会需要的良好公民，使不完善的社会走向更为完善的理想之境。可以说，杜威的教育理论是立足于美国转型期社会物质文明和精神文明快速发展基础之上的教育理论，充满着浓厚的现代气息和超前的时代色彩，它的价值是超越国界、超越民族的。虽然杜威生前就曾受到诘难，死后也曾一度蒙受恶名，甚至在 1957 年苏联卫星上天后曾受到激烈抨击。但是，今天来看，他的许多基本观点仍然经受住了时间的考验而被证明是很有价值的，他提出的许多关于教育的问题在当今也仍然不同程度地存在因而是需要继续思考和不断探讨的。从总体上看，杜威的教育理论旨在解决三个方面的重要问题，即教育与社会生活的脱离、教育与儿童生活的脱离、理论与实践的脱离。他提出的各种理论和设想都是为了克服这三种明显的弊端,他为解决这些问题付出了极大的精力。事实上,这三种弊端不仅在杜威生活的那个时代存在,而且现在仍然存在,乃至将来也可能依然会存在,它们一直困扰着并吸引着每个时代的教育研究者和教育实践者。杜威关于教育包括道德教育所提出的一些看法也许不能尽然合乎包括中国在内的各国国情,但他探索解决现代教育包括道德教育问题的思路及其理论所反映出的基本精神,以及在具体论述中所提出的许多观点,对当今世界的教育领域都具有重大的理论价值与实际意义。杜威是现代教育史上的一位值得人们记住的巨人,他在现代乃至当代教育史上的影响都非常大,20 世纪世界各国教育的发展历史已经雄辩地证明了这一点。

有人把康德比作西方哲学发展史上的"蓄水池",因为康德之前的各路哲学思想都流向康德,并在他那里汇合,而康德之后的哲学又出自他而源于他。这个说法是有道理的。如果说在世界教育发展史上也有一个人应处于这种地位的话,那这个人或许就是杜威。杜威的道德教育思想理论,是对历史上几乎所有的有关道德与道德教育的理论和学说的融汇与提炼,以《民主主义与教育》为例,其中对于各种教育学说和流派的述评举不胜举(很多学者认为,这部著作是打开美国近百年来教育发展史的钥匙)。与此同时,杜威所倡导的新的道德教育思想的萌芽和生长,也在不同程度上深刻地影响了之后的各种道德教育理论。这是人们所普遍感受得到的。

## 一、杜威道德教育思想的主要特征

### 1. 有目的与无目的的对立统一

在杜威看来,道德教育与教育是一回事。因此,他关于教育问题的论述同样适用于道德教育,或者说包含着道德教育,反过来也是一样,他关于道德教育问题的论述同样适用于教育,或者说包含着教育。这是我们在分析杜威的教育思想或道德教育思想的时候需要注意的。

杜威一方面提出"教育无目的"论,同时又提出"教育有目的"论。他的"教育无目的"论与"教育有目的"论是辩证统一的。杜威指出:"教育的过程,在它自身以外没有目的;它就是它自己的目的。"他还说:"教育本身无目的。只是人,即家长和教师等才有目的。"从而鲜明地提出了"教育无目的"理论。

人是有理性、理智的动物,做任何事情都是有目的、目标的。教育作为人为主体所从事的一项活动,自然也是有其目的的,教育目的不同,由其所指引或牵引的一系列教育活动就不一样。问题是,应当怎样来认识和看待教育的目的。杜威主张"教育无目的",其实并不是否认教育的目的或教育有目的,而是提出他自己对教育目的的一种看法。杜威的"教育无目的"理论认为,教育目的只存在于"教育过程以内",不存在有"教育过程以外"的目的。由此可知,杜威承认教育有目的,但这种目的不是外在的而是内蕴的,是存在于"教育过程以内"的,他所谓的"教育无目的"是指不存在有"教育过程之外"的目的。换句话说,在"教育过程以内",应当说存在有教育目的;在"教育过程以外",应当说不存在有教育目的。所以,必须从这个角度、这个区别来理解杜威所说的"教育有目的"与"教育无目的"。那么,他所主张的"教育过程以内"的目的又是什么呢?在杜威看来,儿童的本能、冲动、兴趣所决定的具体教育过程就是教育的目的。这就是说,教育目的由教育过程所制约,教育过程又是由儿童的本能、冲动、兴趣所决定的,教育要围绕承认、尊重、开发儿童的本能、冲动、兴趣而进行,这是一个教育过程,通过这个教育过程就能实现儿童的健康成长,这就是教育的目的。如果离开了儿童的本能、冲动、兴趣,或者不承认、不尊重、不开发儿童的本能、冲动、兴趣，教育过程无从谈起，自然就不存在什么教育目的。因此，杜威将社会、政治需要所决定的教育总目的看作是“教育过程以外”的目的，并指斥其为一种外在的、虚构的目的表现。在杜威看来，这种外在、虚构的目的具有静止的性质，始终是一种固定的、欲达到和占有的东西。它是外部因素对教育提出的要求，存在于教育活动之外，与儿童的本能、冲动、兴趣关系不大，这种教育目的的引领或贯彻，使教师和学生所从事的教学活动变成了为获得某个东西而采取的不可避免的手段，教学活动失去了自身的意义，变得无关重要。杜威认为，这种由外部需要所决定的教育目的观将手段和目的进行了分离，“和目的比较起来，活动只是不得不做的苦事”；相反，从活动内部产生的目的作为指导活动的计划，既是目的又是手段，其间的区别只是为了认识方便而已。按杜威的说法，每一个手段在我们没有做到以前，都是暂时的目的。每一个目的一旦达到，就变成了进一步活动的手段。当它标示我们所从事的活动的未来方向时，我们称它为目的；当它标示活动的现在方向时，我们称它为手段。这表明手段与目的是相辅相成、不可分割的，手段寓于目的之中，目的包含着手段，不能离开手段谈目的，也不能离开目的谈手段。正因为在活动的内部目的里，手段和目的实现了有机统一，活动也相应地就成为一件令人愉悦之事了。排除了“教育过程以外”的教育目的，即外在的、虚构的教育目的，杜威又强调教育是有目的的，他指出：“一切教育的最终目的是形成人格”，“自然发展和社会效率作为教育的目的”，“教育历程是使儿童社会化”。这里仍然是从教育过程来谈教育目的，但对教育目的的认识有了进一步的提升，把“形成人格”“儿童社会化”看成是教育目的，这显然比前面所讲的儿童的本能、冲动、兴趣等更加准确，并且更加深化了。

综上所述，杜威的“教育有目的”论与其“教育无目的”论并不是自相矛盾的,而是对立统一的。从它们与教育过程的关系来看,它们是对立的;从它们作为一个问题的两个方面来看,它们又是统一的。杜威在其“教育有目的”论中,指出了教育的外在目的的缺陷,并阐释了其必然带来的危害。他说:“如果家长或教师提出他们‘自己的’目的作为儿童生长的正当目标,这和农民不顾环境情况提出一个农事理想,同样是荒谬可笑的。”如果教师将这种外在的教育目的强加于儿童而不考虑儿童自身的情况,那就必然导致:一方面,教师由于受各种外在因素的支配,或者为了完成教学过程之外的要求,他的思想不能和学生的思想以及教材紧密相连,因而,他的智慧亦得不到自由运用,他的作用就得不到充分发挥。另一方面,当同时面对“教育过程以内”和“教育过程以外”的教育目的时,学生常常会处于两种目的的冲突之中,即如何符合他们当时自己经验的目的和别人要他们默认的目的,因而会感到无所适从。

**2. 个人与社会的对立统一**

解放和发展个人的能力,是一切政治组织、经济组织和文化组织的共同目标,这个目标的基本前提是人人平等。这是杜威在其《哲学的改造》中所论述的。在这里,“人人平等”成为“解放和发展个人的能力”的基本前提,就是说,应在“人人平等”的前提下来谈论“解放和发展个人的能力”。离开了这个前提,“解放和发展个人的能力”无从谈起。这个思想值得重视。杜威认为,如果民主有道德意义的话,所有政治组织、经济组织和文化组织的检验标准就是让全体社会成员得到全面的发展。一切组织只有在道德教育的方向、基础和意义方面,尊重个体、提高个体的道德判断力和道德选择力,解放和发展个人的能力,才是符合人性的道德教育。杜威强调人人平等、尊重个体的道德教育模式,在当时是顺应了时代发展的要求和趋势的。

杜威认为,在道德教育的过程中首先要尊重个体的本能。为什么这样说呢？因为在他看来,个体的品行从根源上来说都是天生的,也就是所谓的本能和冲动。这种本能和冲动不仅为公民道德教育而且为一切的教育都指明了前进的方向、提供了切实可行的教育素材,它是个体思想品德的源泉、行为的原始力量。杜威认为,每个自由主动的个体所拥有的学问和进行的训练,其实都是把天生的本能作为依据的,都是以天生的本能为基础的。这种本能不是别的什么东西,就是人性。将本能视为人性,这是杜威的一个观点。在他看来,道德教育的过程就是引导人性发展的过程。可以说,人性论是杜威道德教育思想的一个理论基础。他指出:“道德主要涉及人性的控制……道德坚持的一些目的,和它强加的一些规则,归根到底都是人性的产物。”从更广泛的意义上说,人们的一切行为都是人性、自然和社会环境因素相互作用的产物。因此,道德教育不是禁欲和压制人性的,而是一个引导人性展开的过程。在这个过程中,人性得到承认、尊重,人性也得到修炼、发展,并成为人的一切发展的基础,道德教育的作用因此而彰显。与此同时,杜威继承了美国社会重视个人奋斗以及积极进取的个人主义传统,特别强调了个体的创造性。在杜威看来,在他的公民道德教育思想中,个性与自我是很重要的两个概念,尽可能地满足个性和实现自我也是他思想中的基本观点。他认为,人生的意义在于个人能力的全面发展,而个人能力的全面发展是为了更好地满足人的需求,因此,要把发展人的能力和满足人的需求结合起来,这两个方面是相互促进的。个人是在满足自身的需求的过程中发展和完善自己的能力的,也是在发展和完善自己的能力的过程中满足自身的需求的。在强调人性、个性、发展人的能力和满足人的需求的同时,杜威并没有忽视社会对个人的价值和意义,也没有因为重视个人而忽视了社会。他在自己的“新个人主义”中肯定了人的基本欲望,但又反对了纯粹的功利主义。虽然杜威把一些人性的东西(如本能、冲动、需求等)看成道德的来源,看成品行的根源,看成人的一切行为的基础,显然是夸大了人性的作用,夸大了个体的自然属性的作用,夸大了个人的作用,这些偏颇在一定程度上削弱了他的道德教育理论的科学性。但是,他对个体自然属性的肯定,对个人积极进取的重视,对个人作用发挥的认可,在当时的历史条件下,不仅给人们人生的现实生活找到了巨大的动力,也给其公民道德教育思想提供了一定的理论基础。对此,我们应当全面地、客观地分析和评价。

随着社会的发展、时代的进步,人们的思想意识、思维方式、价值观念发生了巨大的变化,对许多问题的认识和看法也不同于过去了。道德教育领域并不例外,其中一个重要的反响或强烈的呼声,就是逐渐重视人性与道德的关系,逐渐重视个体的主动性、能动性和创造性及其发挥的情况。应当说,尊重个体、提高个体的道德判断能力和道德选择能力的道德教育,不仅是符合人性的道德教育,而且是符合规律的道德教育。不仅在杜威那个时代是值得呼吁的,而且在今天也是值得倡导的。因为我们的道德教育在这方面也曾经出现过一些偏差或失误。过去一段时间,由于种种原因,我们在道德教育中过于强调社会价值,忽略个体的正常需要;过于强调个体对社会的服务,忽视个体的发展需要;重视道德知识的片面灌输和行为的机械训练,忽视个体的心理需要,等等。总之,在追求社会价值、社会利益、社会效益的过程中,从某种程度上说,受教育者成了“失落的个人”。这方面的教训应当汲取。杜威认为,一切社会组织、一切社会制度的意义或责任,就在于“解放和发展个人的能力”。他在《哲学的改造》一书中专门对此作了阐述,他说:“政府、生意、艺术、所有的社会制度都有一个意义,有一个目的。那个目的就是不问其种族、性别、阶级或经济状况而解放和发展个人的能力。换句话说,他们价值的检验就在于在多大程度上能够教育个人,使其达到其可能性的极致状态。民主有许多意义,但是,如果它有道德意义的话,它的意义就在于,所有政治制度和实业组织的最高检验将是它们对社会每个成员的全面发展所作的贡献。”可以说,杜威尊重个体的道德教育模式的思想,在当时的历史条件下具有积极的意义,即便是我们今天的道德教育也应当予以科学的借鉴。

从新的道德教育观出发,杜威认为,要深刻认识个体的冲动、兴趣、习惯等本能并在教育中对之予以应有尊重。因为“一切品行从根本上和实质上说都源于与生俱来的本能和冲动”。不可低估这种本能和冲动,人的品德的源泉在于这种本能和冲动,人们行为的原始力量也在于这种本能和冲动,这种本能和冲动为一切教育提供素材并指出起点。那么,应当如何恰当地引导个体的本能需要呢?杜威认为,“对儿童来说,凡他注意到的和参与活动的任何地方和任何事物都有丰富的价值和意义。我们所说过的一切作业和措施,以及一切历史和科学都将成为启发儿童想象的工具和培植儿童想象的材料,从而使他的生活丰富而有秩序”。从前的教育家对于儿童的本能很不在意,他们在教学过程中往往把学生看成是被动接受的客体,以为把要教的内容装进学生脑袋里去就算了事。而实际上,教学过程是非常复杂的,每个学生也都是自由、主动的个体。一切学问和训练,必须要以天生的本能做根据,或者说要充分考虑这个因素,利用学生自主的能力,才能达到更好的效果。杜威看到了本能作为“教育的天然基础”的重要作用,并指出尊重本能是现代教育的一个趋势。这是与他对当时社会发展的认识相联系的。

从新的道德教育观出发,杜威认为,要深刻认识社会对个人的价值与意义并在教育中对之切实加以重视。个人与社会的关系,是任何一个哲学家、教育家都普遍面临并必须作出回答的问题,杜威同样如此,他在《新旧个人主义》中阐述了其关于个人与社会的关系的观点。他认为,在社会生活中,尤其在社会变革时期,个人的心理本能和正当的利益需求应当得到承认,传统社会对此注意不够,需要纠正,但要拒绝把个人和社会对立起来,而且学校的活动应考虑社会方面的因素。“从哲学讲,道德教育的含义很深:最重要的是‘个性’与‘社会’的关系。道德教育不如旁的教育,它一方面发展个性,养成个人的知识能力感情;一方面发展之后,还必须使社会的同情格外增加。所以问题在怎样使个性发展,同时并把同情的范围扩大,对于社会,情愿尽忠,情愿牺牲。”杜威这里所讲的“个性”与“社会”的关系,实际上就是个人与社会的关系。他使用的概念也许不太确切,但他表示的意思是清楚的,就是说,他主张个人与社会相结合、相统一,在此基础上,提倡人们对社会要“情愿尽忠,情愿牺牲”。这种对个人与社会的关系的观点,达到了在当时社会条件下所能够达到的高度。在个体与社会相结合、相统一的观点上,杜威阐述了一个值得注意的问题。他认为,极端个人主义的产生不是源于对个体利益和个体需要的承认,也不是社会整体原则在教育力度上的不够。恰恰相反,那种忽视个体本能和个体需要,死板的、灌输的教育方法才是产生极端个人主义的根源。怎样理解杜威的这一分析呢?他通过举例来具体说明这一看法。比如,儿童在教育过程中,被要求单纯地吸收理论,单纯地进行学习,不能或很少与他人直接交流,久而久之,这些都会妨碍儿童的集体观念、合作意识的形成。又比如,学生课堂上的评分、升级等现象许多不是从儿童的个人贡献出发,而仅仅是从竞争的角度出发,这对于心智尚未成熟的儿童来说是一种消极的引导。杜威认为,这种不尊重个体情感需要和自我意志的教育方法没有考虑到人的社会性需求,也没有注意到社会对个人的价值和意义,因而是要极力避免的。

其实,教育究竟应注重个人价值,实现儿童的个性化,还是应注重社会价值,实现儿童的社会化?这是长期以来困扰教育思想家们的一个重大的教育基本问题。对此,杜威作出了自己的回答。杜威重申了他关于个人与社会的关系的基本观点,即个人与社会的关系密不可分,个人离不开社会,社会离不开个人。他说,我相信受教育的个人是社会的个人,而社会便是许多个人的有机结合。如果从儿童身上舍去社会的因素,我们便只剩下一个抽象的东西;如果我们从社会方面舍去个人的因素,我们便剩下一个死板的、没有生命力的集体。因此,杜威主张既要注重教育的个人价值,又要注重教育的社会价值,教育的个人价值与教育的社会价值应当结合起来;主张教育既要使儿童个性化,又要使儿童社会化,这两个方面同样应当结合起来。在正面阐述自己观点的同时,杜威还对历史上这方面的一些代表性观点进行了评析。他指出,历史上以柏拉图主义者和十九世纪德国国家主义者为代表的社会效率论,以赫尔巴特为代表的文化修养论,无视个人价值与个性发展,片面强调教育的价值在于把儿童塑造成具体的国民、公民;而以卢梭为代表的自然发展论,主张教育应遵循自然,顺应儿童的天性,以发展儿童善良的本性、个性,却排斥儿童的社会化。这两派的观点虽然出发点和落脚点不同,但它们在育人观上的偏颇则是共同的,即它们都割裂了儿童个性化与儿童社会化的关系,要么过分强调儿童的社会化,势必把儿童培养成为社会工具,要么过分强调儿童的个性化,势必把儿童培养成为不关心社会的极端个人主义者。它们在理论上和实践上都是行不通的。

杜威在反对把儿童的个性化与社会化割裂开来的同时,也猛烈地抨击了与这种割裂相联系的教育方法论,即所谓的"外铄论"和"内发论"。"外铄论"认为儿童的心理是"白板"、"陶土"或"被动的容器",把儿童当作被加工的材料,强调从外部来影响儿童、陶冶儿童,并按照成人的标准和要求来对儿童加以塑造;在这种教育过程中儿童缺乏主动性、积极性,处于被动地位,教师和教材是教育活动的中心,教育过程是教师告诉和学生被告诉的过程。杜威认为,“外铄论”抹煞了儿童潜在动力在发展中的地位,儿童的天性被忽视,他们甚至被当作工具而不被当人看待,在这种方法论指导下的教育自然是不真实的、呆板的、残害心智的。这自然是不可取的。与“外铄论”相反,“内发论”认为儿童具有一种与生俱来的能力与倾向,强调儿童的发展是天赋的潜在能力的展示,教育要尊重儿童的这种自然天性,引导儿童独立自主地塑造自我,促使他们个性的自我实现。杜威虽对卢梭的儿童自然生长原则给予较高的评价,它比较注意从儿童本身出发来开展教育、进行引导,但还是批评了“内发论”的不足。他认为,“内发论”要么把自发的原始的能力作为最终目标,要么把儿童人格抽象化,摒弃乃至否认了教育的社会性,使教育与社会环境相隔离,把教育弄成消极的、非社会的、反社会的。这当然也是不可取的。

### 3. 道德知识与道德实践的对立统一

知识和行为是道德教育体系中的一对重要范畴,同样是杜威公民道德教育体系中的一对重要范畴。在公民道德教育思想中,一个重要的问题,就是知与行的关系问题。在历史上,许多哲学家、教育家围绕这个问题展开了热烈的讨论,提出了不少的观点。其实,在杜威的教育著作中包含着一个思想,这就是颇为抽象的关于知和行的学说,他本人也是这么看的。从其实用主义哲学思想出发,在道德教育上,杜威反对把知识和行为分离开来,就知识谈知识或者就行为谈行为的做法,主张两者是相互统一、不可分割的。他认为,在道德教育中,有一个基础把知识和行为统一起来,这个基础就是真正的道德知识,是人的理智行为的结果,道德知识来源于人的理智行为。显而易见,在道德教育中,在知识与行为的关系上,在强调知识与行为相互统一、不可分割的基础上,杜威比较突出道德知识的作用和地位。当然,杜威对其所说的道德知识有自己的见解。杜威所理解的道德知识与当时流行的道德知识不同,它并不是空洞的、遥远的知识,而是真实的、具体的知识。首先,这种道德知识要与人的行为相联系,能见效于人们的实际行动中,而不能仅仅是一种孤立的、表面的、与人的行为毫无关系的知识;其次,这种道德知识还要使个体通过学习能够融入社会生活,使个体行为成为一种社会行为;再次,这种道德知识使个体的行为具有理智的特征,能养成道德上理智的反省能力。

在公民道德教育问题上,杜威对知行关系也一直有着自己独特的见解。他认为,知行分离的现象很普遍,知行分离的原因有很多,但其中一个原因,就是人类寻求的确定性。怎样理解这个问题呢?按杜威的看法,人们总是喜欢寻求所谓的确定性,而在寻求这种确定性的过程中,也形成了一种旁观者的认知模式,这种模式获取知识的方法是静观和默想,似乎通过静观和默想就能掌握知识,这实际上就贬低了行为实践在认知中的作用。杜威认为,知行关系虽然普遍存在,但在道德教育领域有其自身的特点,这就是,道德知识并不是孤立存在的,它是通过理智的行动体现出来的,这就是说,知识与行动是分不开的,获取知识与道德实践是同一个过程,离开了道德实践,就谈不上知识的获取。但是,在实际的道德生活中,人们总在忽略着日常生活中的道德实践,而把寻求纯粹的道德知识看成是道德和道德教育,也就是说,将道德知识的获取与道德实践分割开来,而将道德知识的获取等同于道德和道德教育。面对这一情况,杜威认为,区分"道德观念"和"关于道德的观念"是特别重要的,并指出要对公民道德教育的模式进行全面的改造,也就是用间接的道德教育模式取代直接的道德教育模式。在杜威那里,间接的道德教育模式与直接的道德教育模式之间的区别较多,其最大的区别在于,它并不是一味地传授道德规范和道德原则,而是在传授道德规范和道德原则的同时,强调人的行为习惯特别是道德实践在日常道德生活中的作用。杜威正是在对知行关系的论述中,提出了举世闻名的“从做中学”的观点。在他看来,“从做中学”充分体现了学与做的结合,也就是知与行的结合。道德知识与道德实践是对立统一的。从道德上来说,“从做中学”能促使人们更好地了解社会和培养社会性习惯以及有效应对新的环境,“在社会方面……提供了研究人类文化的能动发展的自然道路,……在道德方面,就是这种连续性要求忍耐、坚持和彻底性——所有这些因素都有助于培养不同于人为地外加的真正的纪律”。

我们知道,杜威的道德教育思想是建立在他对“道德”的认识的基础上的。他在《民主主义与教育》中就已经指出,我们在道德教育上批判的各种割裂的说法,都是由于它们把道德看得太狭窄了。这主要表现在两个方面:“一方面,给道德一种感情用事的伪善特色,不顾实行社会所需要的事情的有效的能力;另一方面,又过分强调习惯和传统,把道德限于一些明确规定的行为。其实,道德和有关我们和别人的关系的一切行为同样广泛,虽然我们做事的时候也没有想到我们行为的社会意义。但是,所谓道德,潜在地包括我们的一切行为……道德和整个性格有关,而整个性格又与人的全部具体特性和表现相等。……所谓德行,就是说一个人能够通过在人生一切职务中和别人的交往,使他充分地、适当地成为他所能形成的人。”由此可知,在杜威眼里,没有脱离人的行为的道德,道德总是与人的行为密切相连的,并且这些行为“并不意味着培养了少数人可以指明的和排他的特性”,而是一些既出于人的本能又符合一定社会要求的表现。这就是说,与道德相联系的行为或者说道德行为,应当是既符合人的本性又符合社会要求的,这两者不能分割,仅仅强调其中的一个方面而忽视其中的另一个方面,都是不全面的。至于道德教育,杜威反复强调,“一切能发展有效地参与社会生活的能力的教育，都是道德教育”。这种对道德教育的理解显然与传统社会是不同的，是对当时社会发展的一种反映。在杜威看来，“这种教育塑造一种性格，不但能从事社会所必需的特定的行为，而且对成长所必需的继续不断的重新适应感到兴趣。对于从生活的一切接触中学习感到兴趣，就是根本的道德兴趣”。杜威在这里又提出了“道德兴趣”这一概念。杜威认为，道德兴趣在某种意义上也就是人先天具有的试验、冒险、尝试、亲自动手、求知等本能。这种对“道德兴趣”的理解在外延上是非常宽泛的，深深地带有实用主义哲学的烙印。在杜威看来，在道德教育中，只有尊重这些本能才能激发人的兴趣，达到教育的效果。因此，道德教育可以说是沟通个人本能和社会生活的一种工具。

如前所述，杜威认为，在道德教育的具体过程中，非常有必要区分“道德观念”和“关于道德的观念”。那么，具体怎样区分呢？在杜威看来，所谓道德观念，就是“见效于行为之中，并使行为有所改善，变得比另外的情况下更好”的观念。至于对行为没有影响的观念，就是与道德无关的观念，使行为变得更坏的观念就是不道德的观念。所谓“关于道德的观念”，就是以文字和语言的形式表达出来的观念（如诚实、正直、贞操、温和等），这些观念是通过直接的道德知识讲授来传达的。虽然这样的道德知识讲授在一定意义上也是必要的，但是，它由于与实践联系不大甚至脱离实际，存在着较大的局限性，按杜威的说法，“如果将通过教育使道德成长的整个领域进行考虑，直接的道德教学的影响即使在最好的情况下，在数量上相对而言也是比较少、在影响上则比较轻微”的。正是有鉴于此，杜威提倡间接的、广泛的、生动活泼的道德教育模式（如理智方法的培养和社会性实践活动等）。他认为，这种范围更广、通过学校生活的一切机构、手段和材料进行的道德教育，对于学生品格的形成和发展具有更大的促进作用。杜威之所以提倡间接的道德教育,这基于他对“学校中道德教育最重要的问题是关于知识和行为的关系”的看法和认识。那种只以语言和文字的形式讲授“关于道德观念”的教育方式,对个体行为的养成和具体道德问题的解决并没有太大的帮助。因为“道德知识的传授并不是真正的道德教育,也不能代替真正的道德教育”。真正的道德教育不是孤立在课堂之中,与其他学科毫无联系的,它应当是一种间接的道德教育,即渗透在学校的一切活动和教育对象的生活之中。在杜威看来,不要说教师、课堂、教材、教法,即便是“学校里的一切设施都和道德教育有间接和直接的关系,不过分量稍有不同就是了”。所以,在道德教育实践中,要“训练教授各方面,应该使它贯通,不要划分区域,彼此不相关系”。其实,关于知行关系的问题在教育领域可以说是老生常谈了,各种观点层出不穷,但杜威分析问题的角度别出心裁,颇有新意。他认为,人类是在寻求确定性的过程之中造成了知行分离的传统。在传统社会,人们历来将知识看成是永恒的、固定的、不变的,以为这样才能给人们一种确定性和安全感,其实事实并非如此。比如,传统哲学对思辨和理论的崇拜,就是人们回避风险、寻求确定性的一种表现。而这种重视知识轻视实践的做法恰恰忽略了人类可以达到实际安全的途径。这种知行分离的传统当然不能延续,必须加以改变。杜威之所以提出“从做中学”的著名观点,就是要打破传统教育那种“从听中学”的模式,建构符合客观规律的知行互动的现代教育模式。应当说,“从做中学”的观点以及间接的道德教育模式,对于培养儿童的理智思维能力和解决实际问题的能力都具有重要的促进作用。但我们要看到,杜威所强调的“做”,与今天人们所讲的“做”是有区别的,它主要是指个人亲自尝试的一些工作和活动。在很大程度上,它仅仅是通过获得并改组个体的经验而使儿童的兴趣和需要得到满足。这种实践观点无疑是不全面的,从理论上讲,它还有待于深入的探究和不断的拓展。

## 二、杜威道德教育思想的基本评价

身处社会大变革时代，杜威从其实用主义哲学出发，依据其新的道德观和教育观，对当时的道德和道德教育进行了全面的审视和深刻的剖析，注意到了时代发展和社会进步对美好道德发出的热切呼唤、迫切需要，更认识到了掌握科学知识对养成良好道德的重要性、必要性。杜威认为，道德理论很重要，道德实践不可缺，道德理论和道德实践的分离是不幸的，它们应当结合起来，而要搭建这理论和实践之间的桥梁，就是要获得越来越多的、实用的科学知识。杜威的道德观一针见血地指出了当时美国社会道德和道德教育的缺陷，他所倡导的道德和道德教育反映了美国现实的社会需求和前进的历史趋势。在阐述自己的道德教育思想方面，杜威的立意是高远的，他提出了很多可贵的、值得进一步探究的观点。对之，应当正确地给予评价。

### 1. 杜威道德教育思想的积极因素

我们看到，无论是在个人与社会的关系问题上，或者是在理智与行为的关系问题上，还是在教师与学生的关系问题上，等等，杜威对传统道德教育领域的基本范畴和基本问题的论述都是充满批判精神的。可以说，杜威的道德教育理论是以批判历史上各种道德教育观为出发点的，或者说他是在批判历史上各种道德教育观的基础上形成自己的道德教育理论的。这当然不难理解，在杜威身上，使命感、责任感都是比较强的。杜威的道德教育理论不仅对美国教育事业的改革与发展作出了巨大的贡献，也对其他国家的教育改革与发展产生了深刻的影响。1919 年，正是中国的五四运动时期，如果打一个比喻的话，这是一个既相当于15世纪意大利的文艺复兴，又相当于18世纪法国启蒙运动的“黄金时代”。就是在这个新旧思潮的大交锋大激战的时期，具有世界影响的实用主义思想家杜威被邀请到中国开展讲学和相关活动。在长达两年零两个月的旅华时间里，杜威充分利用各种机会，在各种场合，对实用主义学说作了淋漓尽致的阐发，对当时和其后的中国思想文化产生了广泛而重要的影响。一方面，这一时期的中国，由于正处于1914年第一次世界大战期间，欧洲列强无暇东顾，放松了对中国的经济侵略，从而给中国民族资本主义的发展带来了勃勃生机。杜威的教育思想如雪中送炭，填补了民族资本主义发展所需要的关于培养新式人才这方面的教育思想上的空白；另一方面，1915年以后的新文化运动和随后的五四运动反对旧思想旧思潮的风气，也与杜威的反传统的思想是大体一致的。他的中国学生，如胡适、蒋梦麟、陶行知、陈鹤琴、郑晓沧、张伯苓等人，都是当时中国的教育大家。也正是在他们的宣传之下，实用主义教育思想一度成为五四时期乃至以后一段时间中国教育理论界的主导潮流，并对中国教育改革产生了深刻影响。

所谓“不破不立”，对美国传统教育提出的深刻分析、尖锐批判以及对美国教育发展进行的大胆探索、积极实践，这一切，使得杜威在他所生活的那个时代当之无愧地成为了美国教育的巨人。概括地说，杜威道德教育思想的贡献主要表现在：反对单方面灌输，确定儿童中心地位；反对孤立的道德教育，要求德育与教育相统一；反对两套伦理标准，强调教育要回归生活。具体地讲，杜威道德教育思想的积极因素主要包括以下内容。

(1)调和理性主义道德论和功利主义道德论

杜威登上历史舞台，从事理论研究活动时，同时面对着当时影响较大、比较流行的理性主义道德论和功利主义道德论，他认为这两种理论各有长短，不能简单照搬。因此，一方面，杜威在批判传统道德理论时，将矛头直接指向以康德为代表的理性主义道德论，因为理性主义道德论偏重人体意志训练而轻视道德行为的养成。另一方面，杜威也对功利主义道德论提出了批评，因为功利主义道德论与理性主义道德论相反，偏重个体外在行为而忽视其动机的善恶。杜威力图调和理性主义道德论和功利主义道德论，尤其是融合二者的优点，在其道德教育理论中，不仅重视个体的意志、动机，还强调道德行为养成的重要性。这使得他能够在一定程度上克服理性主义道德论和功利主义道德论的缺陷，而使得自己的道德教育理论相比较而言更加全面。

(2)改变知识传授与品格发展分离的传统观念

杜威对传统道德观念的批判毫不留情，具有颠覆性。传统的道德教育观念认为，通过道德教学训练个体的道德行为，使之从而养成遵守道德规范的习惯，这个过程就是对个体实施道德教育的过程；或者认为个体的道德化是在教育过程中的自动展开等。知识能促进个体智力水平的提高，而智力、智慧是培养个体道德的感受力、判断力与鉴别力的基础和前提。这一观点有其合理性，但在重视知识传授的同时忽视品格发展，甚至将知识传授与品格发展相分离，这则是不合理的。杜威对此作出了尖锐批评，他认为，教育者要改变这一错误观念和实践方式，将知识传授与品格发展相结合，对个体的整个教育过程都要渗透道德教育，特别是在知识传授过程中也要融入道德教育。

(3)确立个体在道德教育中的主体地位

个体在道德教育中究竟处于一个什么地位，人们对此问题历来有不同的看法。在传统的道德教育观念看来，道德教育就是使个体被动地接受一些既定的、现成的规范或规定，个体不违反这些规范或规定就被视作“善”，不尊重个体在道德教育中应有的地位，不遵循道德教育的内在规律，否认道德学习的主体化。在这种情形下，受教育者挣扎于“道德主体的我”与“被道德规训的他”之间，从而形成了所谓的“热情的口号”与“落寞的实践”之间的悬殊。而在杜威看来，个体才是道德教育中的主体，才是外在的道德内化为个体内在的品格的最终决定因素。离开了作为主体的个体，道德教育就无法进行，更不可能取得良好的成效。

(4)肯定受教育者的中心地位，反对使用个人主义的方法反复灌输某种动机

在传统教育中，儿童完全处于从属地位，只是被动地接受一套既定的规范与规则。而这些规范与规则的内容，可能大都为儿童的经验能力所不及，更谈不上去主动地践行。于是，如何调动儿童学习的积极性、主动性，如何激励儿童保持学习的热情和兴趣，是每一个教育者普遍头疼的问题。为了解决这些问题，教育者往往会挖空心思采取各种方法去诱导儿童坚持学习，教育者与儿童之间会产生很深的情感依赖。在这种情况下，受教育者往往会基于各种获得知识以外的目的，比如渴望获得表扬、避免批评等，而去完成学习任务。

杜威对此提出了批评，他认为，这是一种个人主义的方法和动机，这种个人主义的方法和动机被反复灌输的教育方式是错误的，不仅达不到教育的效果，还造成了资源的浪费。他指出，道德教育的目的是要培养儿童的完善的人格与个性，道德教育的过程就是儿童探究的过程。道德教育要帮助儿童依据自身经验去发现什么是正确的、什么是错误的。而只有确立受教育者的地位，即肯定受教育者在教育过程中的主体地位、中心地位，重视受教育者的好奇心、学习能力与个体经验，才能真正引导受教育者形成独立的道德判断能力，受教育者才能真正学会承担责任，主动去探究道德的价值，并能接受它而遵从它，进而解决自己所遇到或面临的道德问题。

在目前的西方社会中，重视培养儿童的批判性思维与创造性思维

是十分流行而普遍的观点。他们主张,在道德教育中应帮助儿童去发现和创造,而并非是去适应和习惯,这才是对儿童主体性的关心和肯定。因为儿童对道德规则的理解本身就是一个过程,就是一种创造性活动。只有为求得结论而进行积极努力的思考,才能促进这种理解,并且更容易为其付诸行动。这不失为杜威及其追随者对道德教育的一大贡献。

(5)注重德育与教育相统一,反对陷道德教育于孤立境地

传统教育中,道德教育往往被作为一门孤立的、专门教授“伦理”的学科,并且至今仍被很多学校所沿用。这种现象的产生和存在,主要是由于长时间以来人们对道德教育的理解太过于狭隘或太拘泥于形式。在杜威看来,道德教育的目的是形成人格,这个目的不是片面的而是全面的。而道德教育长期被孤立、处于狭隘的环境之中,是很不利于人的品格的培养的。首先,杜威区分了“道德观念”与“关于道德的观念”的概念,指出人仅有对善的认识是不够的。获得了一定的道德的知识、产生了一定的道德的情感,还需将其外化为行为,这才是一个完整的道德教育的过程。其次,在关于道德教育与教育过程的关系问题上,杜威继承了赫尔巴特的“教育的最高目的就是道德”的观点,认为除道德外教育再无其他目的。他明确指出:“道德的目的是各科教学的共同和首要的目的。”教育的道德目的统率着教育过程,引领着各科教学,德育与教育是相统一的。只有当一门学科是以理解社会生活的方式被人教授与学习时,它才真正具有并能够发挥伦理的内涵和作用。企图仅仅通过专门的道德教育课程来实现道德教育的良好效果是注定要失败的。道德教育不等于直接的道德教学,它包括但不限于道德教学,除了道德教学之外,它还有很多内容,唯有使个体形成道德判断能力并有主动践行道德行为的能力,才是成功的道德教育。

(6)倡导教育回归生活,反对采取两套伦理标准

苏格拉底说过,“道德的基础是对于善的认识”。这句话有道理,但似乎并不全面,因为仅仅认识了善对于道德来说还是不够的。传统教育往往比较重视个体对理论知识的学习和掌握,却比较忽视个体在现实生活中的实践锻炼。这样的教育脱离生活脱离实际,培养出来的人缺乏独立思考与实际动手的能力。而传统的道德教育也是如此:孤立的伦理课堂教给儿童一套既定的、高高在上的、他们的经验和能力所不及的道德准则,这对于儿童将来适应社会、解决道德问题起不了任何实际作用。马克思指出,在其现实性上,人的本质是一切社会关系的总和。社会关系制约着人的社会生活,社会生活制约着人的社会交往,社会交往制约着人的道德。撇开社会主体的社会关系和社会生活来谈道德和道德教育,不仅是脱离实际的,显然也是十分荒谬的。针对这种情况,杜威强调教育与生活的联系,强调教育要回归生活。在他看来,若单纯强调课堂教学在道德教育中的重要性以及过分注重道德准则的灌输,而与受教育者的现实生活脱节,甚至撇开受教育者的日常生活,不让受教育者设身处地地“陷入”道德判断的情境之中,那是不可能实现良好的道德教育的效果的。需要在生活中不间断地训练,才能培养道德判断力。

因此,一方面,道德教育要回归生活;另一方面,学校教育也要回归社会,这就是杜威所指出的要解决“两套伦理标准”的问题。杜威认为,当学校脱离社会成为一个高高在上的、单独的机构,会导致学校与社会的分离,导致教育者和受教育者遵从两套伦理原则,即一套适用于校内生活,一套适用于校外生活。这当然是非常不合理的。因为学校就是社会的一部分,学校要培养的人也是社会的一分子,有着自己的社会角色、承担着一定的社会责任。既然学校与社会密切相连,人的行为是一样的,那么其行为所依据的伦理原则也应该是一致的。

“两套伦理标准”会让人无所适从，甚至更加虚伪。受教育者只有真正接受生活化、社会化的道德训练，方能真正形成其道德判断能力，进而逐步形成完善的人格。

(7)提出多元的教育功能观，主张个体教育功能和社会教育功能并重，筛选功能与协调功能相结合

教育具有什么样的功能？应当怎样看待教育的功能？这些也历来是人们争论不休的问题。所谓教育功能，是指教育在与人及周围环境相互影响中所发挥的作用，是给人及社会带来的变化、影响和结果。在杜威看来，教育功能观不是单一的而是多元的。一方面，教育能够使人获得和增长有益于人类社会进步的经验，教育教学应当“以儿童为中心”，教育应着眼于儿童个体的生长和发展。这就是说，在教育功能中，个体教育功能很重要，要发挥好个体教育功能。另一方面，杜威也不忽视社会教育功能，他明确提出，学校教育是改造社会，推动社会进步的一种重要手段，要从改造社会出发，注重教育与社会、教育与生活的沟通，强调教学与社会、教学与生活的联系。可以看出，杜威的教育理论虽从个体出发，但他并没有停留于个体，其最终指向的也并不是有生有死的个体“一生”的质量，而是社会生活的保存、社会进步的发展。正是基于此，杜威希望将学校办成一个“雏形的社会”，也希望发挥好社会教育功能。他的这些看法，不仅在当时，就是在现在，对人们都是有启发的。由于受漫长的封建社会的影响，也由于我国社会发展的某些特点，在我国，教育功能观具有较强的政治伦理色彩，从一定意义上说，是一种孔子所提出的“学而优则仕”和恪守伦理道德的教育功能观。尽管多年来不断进行改革，而且改革的力度也不小，但目前应试教育依然存在，在某些地方、某些方面还比较突出，许多人持有的是注重通过教育，使个人选择一个好的职业、改变生活状态、获得社会地位等相对比较狭隘的个人教育功能观，比较忽视教育在培养学生的

健全个性、健康身心和创造性思维等方面的作用,忽视学生的生存方式、生活方式的引导和教育;注重通过教育使社会选拔需要的人才的筛选功能,轻视通过教育缩小人与人差异的协调功能。这些偏颇的形成不是短时间的事,其纠正也不是短时间的事。为了使教育能够可持续发展,为了使学生能够健康成长,我们应当借鉴杜威在这个问题上的观点,全面地认识和理解教育的筛选功能与协调功能,并注重二者的结合;深刻地理解和把握个体教育功能和社会教育功能,并使之相结合。

(8)强调教育的终极关怀是学生的发展和成长

从批判传统的教育观尤其是传统的教师观出发,杜威明确提出,教育要关心学生的发展和成长,学校生活应该以儿童为中心,学校中一切必要的措施和相应的环境都应该是为了促进儿童的生长。然而,反观当时的现实,教育已经异化为知识、技能的简单传递,而不关心儿童的全面发展;学校也已经变成了现代化生产的“流水线”,而不注意儿童的个性特征。这一切,使得教育背离了人,教育本来应当是“有目的、有计划、有组织地传授知识技能、培养心智和发展健全人格”的一种有益的活动,但它却反过来成为对人性的压迫和摧残的一种工具。这种教育、这种学校,是不可能完成其所承担的责任和使命的。杜威的教育观、教学观和教师观启示我们,在教育中、教学中、教师中,要眼中有“人”,这个人不是别的,就是学生,要时刻牢记教育的终极关怀是学生的发展和成长。今天,我们所说的“发展”和“成长”与杜威当年所说的“发展”和“成长”不可同日而语,更确切地说,已远远超越了杜威所说的“教育即成长”中的“发展”的内涵。今天我们所说的“发展”,不只是学生的本能的成长,它主要包括学生在知识、能力、情感和个性品质等方面的全面和谐的发展。要达到这个目的,就要求在教育教学中必须关注学生的兴趣、经验、尊严、人格、权利、感情和需求,就要求学校的课程设置、课程教学、教学方法以及一切教育活动,都必须服务于、服从于学生增长兴趣和经验的需要,就要求学校所有的教育措施都必须为促进学生的发展服务,一句话,必须切记教育的任务是在尊重学生的前提下促进学生的成长。在教育教学活动中,只有关注、探索学生的兴趣、习惯、经验和个性,并依此为依据开展教育教学活动,合理满足学生多方面、多样化发展的需要,才能使学生具有自信心和持续发展的能力。教育是一个整体、一个过程,既包括教又包括育,教育不仅是教,更重要的是育,教与育是不能分开的。人既是教育这一实践活动的主体、出发点,又是其归宿,教育最基本的宗旨和终极的关怀,就在于培养、发展和完善人的人格、人的素质、人的能力。因此,要通过教育,使学生成为独特的、完善的人,成为所要成为的人,成为个性张扬、特点鲜明的人。所有的教育工作者都应为此而努力。

(9)形成融合的观照点,即注重学生当下生活状态和未来生活准备的融合

杜威特别关注的“人的问题”,这个问题涉及面广、可大可小,但在杜威眼里,它主要是人的生存问题,是人在现世中如何生活的问题。他说过这样一句话,“教育是生活的过程,而不是将来生活的预备”。这是针对那种把教育仅仅看成是“将来生活的预备”的观点而言的,其实质是把教育当成一个“生活的过程”来看待,而生活的过程当然既包括现在的生活也包括将来的生活,应当是这两种生活的结合或融合。杜威这些话的精神就是在今天,也还有其一定的针对性。比如,受传统教育思想的影响,在我国现行的学校教育中,人们大多习惯于从教育的视角看人,更多地关注学生在知识技能方面是否扎实,更多的思考教育为学生成功的未来生活做准备的状况,但往往很少反思学校实际的“教育生活”对学生和教师产生了何种程度的影响,更不太关心师生在校的生存方式及其体验。这是有失偏颇的。事实上,教育与其他

很多活动不一样，它是关注人的生存状态的一种特殊的生活。学生在学校的生活过程，是他们生命中一去不复返、不可更改的重要经历。教育无疑应关注学生的知识、品德、身体状况等，不关注这些，就不是教育了，至少是不合格的教育。但除了这些之外，教育还应关注学生在学校的生存环境、生活状态、学习状况，比如，他们生活、学习的环境怎样，师生之间、同学之间的关系是否和谐，他们是怎样地学习着，他们在学习中是否欣慰、愉快，是否积极、主动，等等。每一个学生都是生活在教育的"生命场"中的鲜活的个体，他们要想获得全面而和谐、自由而充分、独特而创造的发展和提升，必须依赖教育活动主体间的交往和互动、理解和支持，依赖对生命主体当下生存状态的关心和关注。只有当学生真切地体验着当下学习的快乐，感受着当下生活的有趣，才能激励着他们对未来充满愿景，去期盼未来的生活更幸福，去努力创造更美好的未来。在这个意义上可以说，教育才真正是为学生的未来生活做准备的，当下生活状态和未来生活准备紧密相联。

（10）宣扬主动的教学观，摒弃传统教育的"教师、教材、课堂"三中心，注重学生的主动性

基于培养民主社会的良好公民的理念，杜威严厉地批评传统教育是以"教师、教材、课堂"为中心的，其教学方式是灌输式，教师在课堂上只管简单地传授知识并充当监督者或独裁者，学生则不过是消极的听众角色，被动地接受和学习。他主张摒弃传统教育的"教师、教材、课堂"三中心，以学生为中心，树立主动的教学观，发挥学生在学习中的主动性、积极性，使他们能够主动学习、积极学习。这对我们也有一定的启示。由于种种原因，我国教育在过去一段时间将传统教育的某些缺陷加以放大，片面地从成人社会的需要出发，比较注重教材中规定的教学内容的"灌输"或"注入"，提倡死记硬背，教学方法单一，"教师、教材、课堂"三中心的现象比较普遍，等等。由于这样，在一定程度

上,使学生的思维发展受到了阻碍,学生学习的主动性被抑制,学生失去了学习的兴趣和动力,学生在学习中、生活中变得比较“恭顺、服从、小心从事”,他们的动手操作能力普遍偏弱,缺乏创新精神和社会责任感。当然,这些现象目前正在逐步改变。现在,我们应反思我国过去曾经存在的教学弊端,总结这方面的经验教训,在教育教学活动中,强调社会现实生活和学校教育教学的联系,以学生主体代替教师中心,以学生自身经验代替书本中心,以活动教学代替教死知识的书本教学。在改进知识传授方式的同时,注重学生活动能力的培养,引导学生在学习中反思、在活动中锻炼,使他们将兴趣与需要、讲授与探究、课堂与活动、直接经验与间接经验等有机结合起来,能够主动地学习,能动地活动,积极地思考。

毫无疑问,建立在实用主义基础之上的杜威的教育理论,由于其涉及的教育问题众多、阐述的教育问题深刻,而呈现为一个比较完整的理论体系。这个理论体系之所以能够形成,之所以能够产生较大影响,固然有其多方面的原因、有其多方面的条件,如果从教育与社会之间的关系来看,这同杜威抓住了其中三个非常重要的问题并对其进行全面深入的探索与研究是分不开的。这三个问题:一是“人”的问题。在杜威看来,要通过教育培养自由、自觉的人,实现民本主义。二是“长”的问题。在杜威看来,生长的起点是儿童,生长的终点是自由、自觉的社会成员。由此,他才会以生长为教育之核心,提出“教育即生长”、“儿童是太阳”之说。三是“作业”的问题。在杜威看来,学校和教师以作业为原则和内容设置课程、安排教学、改善学校环境,可以保证儿童能从中了解社会价值、工业原理,从而获得全面的发展。应当说,杜威以儿童生长为教育之核心比进步教育以儿童兴趣和活动为中心要更深入一步。实际上,杜威的“作业”在某种意义上也是对进步教育的“做”的充实。

杜威实用主义教育理论是在应对工业迅速发展和民族危机的过程中而产生的。其立意主要有二:一是着力提高教育在社会发展中的地位。在杜威看来,公立学校作为工业人文化的主要承担者,应当让广大的儿童真正了解社会,了解工业的发展。因而,他提出公立学校应注重民众之教育,尤其要注重实用知识与价值的传授。同时,杜威把教育看得很重,视之为民主发展的最可靠的保障。因而,他把道德教育放在教育之首。他力图通过道德教育与教育的融合,培养出民主社会所需要的合格社会成员。二是着力为进步教育确定新的发展方向和评价标准。他在评价进步教育时说:"一个新运动,当它抛弃它所代表的目的和方法时,常常是消极地而不是积极地和建设地发展它的原则。"为了使教育改革全面深入地开展下去以适应社会发展对它的需要,杜威主动承担起了为社会重新确定教育发展的方向和目的的任务。他的所有的教育理论正是其教育思想的具化和展示。

**2. 杜威道德教育思想的消极因素**

如上所述,相较于传统的道德教育,杜威的道德教育思想在当时的历史条件下有很多创新与很大突破,对美国乃至世界许多国家的教育,都产生了深远影响。对于杜威道德教育思想的积极因素,我们应当给予充分肯定。但对杜威道德教育思想由于历史的局限性和其他原因所形成或包含的消极因素,我们也应当给予正确剖析。唯有全面、客观地认识和了解,方能谈得上科学地借鉴和应用。

(1)唯心主义的道德教育观

道德教育观作为对道德教育问题的基本看法和根本观点,是要受世界观的影响和制约的。也可以说,没有脱离世界观的道德教育观。这个道理,同样适用于杜威的道德教育观。在道德教育与宗教教育的关系问题上,杜威曾断言:"能信仰上帝自然能实行道德",这显然是唯心主义的观点，这样的唯心主义倾向处处体现在杜威的著作中。杜威认为，若要培养人格、提升人的道德水平，就应该信仰宗教，使人人都有宗教感情。可是，如果真是这样的话，那么，无论是发达国家还是发展中国家，全民信教的不在少数，但他们仍存在着严重的社会道德问题，这又该作何解释呢？全民信仰上帝真的就可以使人自然提升道德水平、自觉践行道德了吗？诚然，宗教信仰在某些情况下、某种条件下，对于道德教育、对于人们提升道德水平、践行道德可能具有一定的积极作用，这是客观事实，是不容忽视的。但客观事实同样表明，这种作用毕竟是有限的，不能夸大，而且也不能简单地说成是“自然”或“自觉”。道德教育毕竟是一项系统工程，影响它的因素也是多方面的，并不是任何单一条件满足就可以完全实现的。杜威道德教育思想带有比较浓厚的宗教色彩。他认为，宗教“是指一套信念和惯例，它们具有某种建制性的组织形式，不管其紧密程度是松是紧。相反，宗教的这个形容词所表示的，不管是指一种制度还是指一套信念，绝不是一个可明确说明的实体。人们可以指着这个或那个历史上的宗教或现存的教会说这是宗教，却无法指着某样东西说这是宗教。因为它并不指任何单独存在的东西，或者能按一种特殊的、独特的方式组织起来的存在物，它指的是那些可以指向任何对象、任何所指出的目标或理想的态度”。这里，杜威将宗教看成是一套信念和惯例，也是一种态度。在他看来，道德教育的一项重要内容是进行宗教教育，培养宗教感情。在中国讲学的过程中，杜威进行了两种道德观即耶稣的信仰和柏拉图的道德观的比较。那么，他所要竭力宣扬的是什么呢？就是所谓信仰上帝自然能实行道德的那一套。为了使美国的民主传统和资本主义制度理想化，杜威甚至主张要培养个体公民的宗教情感。

杜威的道德教育思想是建立在其唯心主义哲学基础之上的，这是由他所处的历史条件和本人的局限性所造成的。所以，在他的整个道德教育思想中,夸大个人心理因素、弱化外在客观因素的观点随处可见。他说过:“一切品行从根本上和实质上说都源自与生俱来的本能和冲动。”从道德形成的社会因素方面来说,这种说法无疑是有失偏颇的。关于行为产生的根本原因,理论界、学术界还存在一些争论,但对于除心理因素之外的客观因素的作用是不容忽视的,这是人们的共识。杜威那种忽视或者干脆否定外在客观因素作用的观点无疑是主观的、唯心的。杜威的唯心主义道德教育观给他的道德教育思想带来了许多问题,使其道德教育思想原本具有的合理性、进步性大打折扣。

(2)实用主义的教育观

由于受实用主义哲学的指导和影响,杜威不仅形成了实用主义的道德教育思想,而且形成了实用主义的教育观,这种实用主义的教育观对其实用主义的道德教育思想是有明显影响的。这种实用主义的教育观在当时的历史条件下有其积极的一面,也有其消极的一面。比如,以教学论为例,杜威以实用主义真理论为基础,否认真理的客观性;在道德论上,他否认普遍存在的、客观的善恶标准、道德原则和行为规范,而单纯以个人实用、对社会的有效性为尺度,倡导所谓“有用即真理”。他认为,“某种事物被称为有价值的,就是肯定它能满足某些情况的需要”,以及“凡是能使社会体制显得非常清楚的事实,凡是能促进社会资源的能力的培养,无不是道德的”。显然,这些论述都比较简单化,这样的道德和事实上的道德之间也存在着较大的差异,不足完全为信。

(3)抽象化的教育目的论

关于教育目的的阐述,在杜威的道德教育思想中占有比较重要的地位,但也是存在一些问题的。杜威所倡导的教育“自成目的性”是一种最高理想,它在理论上是比较抽象的,近乎一种难以企及的“乌托邦”。我们知道,教育作为一种社会实践活动,它不是抽象的、超现实的,而是具体的、现实的。杜威的教育理想看似高远,但其舍弃了教育实践的历史性、具体性、境遇性,难以观照具体的、复杂的、多样的教育实践,因而它比较缺乏实现的基础。目的是一种意向性概念,不是一种纯客观的存在。按照杜威的说法,教育的目的是教育自身,那么人们会问:教育目的的负载主体是谁呢?即教育目的是谁的教育目的呢?教育是一种活动,教育活动是人的活动,教育活动是处于具体历史中的人们的社会性活动。既然这样,教育活动中的主体就不是单一的而是多维的。比如,可以这样来理解,在教育活动中居先的主体或者说直接的主体是教师和学生,居后的主体或者说间接的主体就是家长、社会。很显然,在教育活动中,这些主体有不同的一面,即他们的身份是不同的,他们的利益是不同的,他们对教育的认识和看法也是不同的。但这些主体又有共同的一面,即他们都要在教育活动中出场,他们都是教育的利益相关者并且彼此联系着,他们都有各自对教育的价值需求,他们也都有自己对教育的目的。这表明教育活动中的主体很复杂,要具体情况具体分析。如果不整体考虑教育利益群体的相关诉求,简单地、概然地言说教育目的,不正陷入了杜威自己所说的"抽象性""一般性"之中了吗?这岂不是自相矛盾了吗?而且,教育目的既关涉到不同的教育主体即学生与教师,又与社会国家有着密切的利益关系,仅仅看到其中一个方面、一个因素而忽视另一个方面、另一个因素,那都是不可能正确解决教育目的问题的。教育目的的厘定是一项复杂的系统工程,在确定教育目的时,应既要考虑个人利益又要兼顾社会需要;既要尊重教育本身的特点规律又要观照社会需求;既要仰望星空还要脚踏实地,毕竟教育是特定时空中现实存在的教育,不接地气的教育理想即便高远、宏阔也难以落地、实现。

(4)夸大道德的社会作用

人作为自然界高度发展、高度发达的特殊产物,都有其自然属性和社会属性,是自然属性和社会属性的统一。按照马克思主义的观点,人的本质是一切社会关系的总和,这说明人的本质属性是社会属性,人是不能脱离社会而单独存在的。而作为一个社会的人,需要对自身的自然属性加以必要的约束,去遵循一定的社会规定与社会准则。同时,这些社会规定与社会准则不仅要有约束作用,也要符合人的自然属性,才能为人所认可、所遵从。而一定的社会属性应当是符合一定的道德规律的。杜威认为,通过教育活动去经验一切和获得各种直接经验的过程就是教育。因此,要使一个人具有社会属性,首先就要对其进行道德教育与道德训练。道德是具有包括认识功能在内的多种功能的,通过道德教育,能使人们认识到社会对于道德提出了何种要求、在道德范围内人们应该做些什么。对于道德的功能和作用,无疑应当予以确认。然而,杜威视道德为社会发展的根本动力,认为道德教育是解决社会问题的根本途径,这显然夸大了道德的社会作用,在一定程度上可以说是“道德决定论”。道德确实是能够调节人与人之间的关系的,这是它的调节功能,但试图仅仅通过道德教育的力量来使得社会利益的分配更加均衡乃至消除利益冲突,甚至认为凭借道德教育就能够消除资本主义制度的根本矛盾,这不但是不可能的,而且是十分幼稚的。

马克思主义认为,在世界上、在人类社会,物质是第一性的,意识是第二性的,社会存在决定社会意识,经济基础决定上层建筑。而作为上层建筑的因素之一的道德,虽能反作用于社会存在,但它仍是受制于经济基础并随之变化的。以杜威所处的资本主义社会而论,它的经济基础是资产阶级对生产资料的垄断,资产阶级以“无形的链子”迫使劳动人民为其创造剩余价值,通过剥削获得丰厚的利润。因此,在资本主义社会,一切道德观念都是这种社会关系的反映或产物,而占统治地位的道德观念不过是占统治地位的经济关系在道德上的反映而已,它们归根到底是要为资本主义经济关系服务的。在帝国主义时代,资产阶级疯狂压榨无产阶级,阶级之间的冲突达到极端尖锐化的程度。如果人们真的仅仅用所谓道德方式去和资本家“协商”,是永远无法挣脱被奴役和被压迫的命运枷锁的。杜威的“道德决定论”是以唯心主义哲学为基础的。他认为社会的发展取决于道德的发展,企图在以剥削和剩余价值为中心的资本主义制度之中能产生所谓最高尚的道德,并依靠道德来解决社会根本矛盾所引发的一系列社会问题,实则是模糊社会问题的政治经济实质,也没有摸着社会问题的症结。应该说,杜威能够充分认识教育尤其是道德教育的特殊性及其在现代社会发展中的功能或作用,对通过道德教育改善人的个性和品行充满殷切的期待,这是相当可贵的。但是,他脱离阶级斗争比较尖锐的社会现实,撇开社会生活中政治、经济的制约性,过分夸大教育和道德教育的作用,把教育作为实现民本主义社会的唯一有效的工具,这是极不现实的,也是唯心主义的,注定了只能是一种幻想。

(5)比较片面的教育价值观

杜威在研究并阐述其关于教育目的的观点时,能够充分考虑到当时社会的需要,看到了社会需要对教育目的的制约,这是其观点合理性的一面,但他对教育的本质和其他属性缺乏全面的了解,这样便导致了其对教育价值认识的片面性,这是其观点不合理的一面。比如,他比较强调教育的实用方面,而相对忽视教育的人文方面,如文学、历史、艺术的传授;过分强调道德教育,并将道德教育等同于教育,取消了智育、体育等的独立地位;过于注重儿童价值判断能力的培养,轻视甚至反对儿童对科学知识的系统掌握,等等。

(6)否认教育具有客观的规律

从其唯心主义哲学出发,杜威认为,存在是难以捉摸、动荡不定的,教育并不例外,同样如此。既然这样,教育就无客观的规律可循,就应顺其自然，把教育作为一个不可分割的统一体，一个不断变化的连续体，不要进行任何划分。表面看起来，杜威所讲的统一、变化的观点很有一些思辨性，但实际上深究起来，他的这些观点并没有多少真正、具体的内容。比如，他把教育作为一个所谓的统一体，取消学科课程，取消书本，主张建立以经验、作业为核心的综合课程；他把教育作为一个连续体，取消年级，以经验的生长情况来划分小组。这样，他就以新的三中心即"儿童、生活、经验"，取代了旧的三中心即"教师、书本、课堂"，而儿童、经验、生活的内涵即养成适应生活的习惯和能力，又常常是难以捉摸的。否认教育的客观规律性，使杜威对很多问题的解释难以自圆其说。

(7)过分看重个人的发展

在谈到教育、道德教育问题时，杜威多是从社会需要、社会问题出发来考虑问题的，这体现了他对当时社会发展的敏感和社会脉动的把握。然而，他在相关的论述中，又过分看重个人发展，以至于把个人发展作为社会发展的充分条件，这是不现实的、不科学的。尽管杜威表面上对个人主义似乎颇有微词，但他的这种思想与欧洲自由主义教育思想的极端个人主义在某种意义上是不谋而合的。

(8)忽视道德知识本身的传授

杜威的理论虽然重视道德教育，虽然涉及到与道德教育相关的一系列重要问题，但也有其明显的不足之处。比如，他脱离儿童正常成长的实际，过分强调儿童的经验体验和自由活动，忽视了对儿童的道德知识本身的传授，即他所定义的"关于道德的概念"。之所以这样，当然是与他的实用主义哲学有关的。其实，这里涉及到如何看待"知"与"行"的关系问题。"知"是"行"的前提和基础，"知"的缺乏或不足，必然使"行"的方向丧失可靠的保障，正如孔子所言："思而不学则殆"。杜威忽视道德知识的传授，表明他对"知"与"行"的关系的认识存在一些偏差。

（9）没有完全妥善解决课程、教材与教学方法的关系问题

关于课程、教材与教学方法之间的关系问题，是教育、道德教育过程中始终面临且需认真解决的一个重要问题。杜威对这个问题没有回避，发表了自己的观点。从总体上看，他在这个问题上的观点合理成分较多，但仍然存在一些不足。比如，杜威希望学校的课程、教材和教法既能合乎儿童的心理水平，又能使儿童在经验的基础上获得系统的知识，并能在理解的基础上将知识应用于生活经验，这个思路本无可厚非。但是，杜威所说的"从做中学"却不能完全担负起此项重任，或者说没有完全解决课程、教材与教学方法之间的关系问题。特别是由于他否定教学科目和教材的继承性与系统性，更没有能妥善地解决课程和教材的问题，这是他的教育理论的根本缺陷之一。

从哲学上看，杜威是以主观唯心主义经验论的世界观为基础来论述其实用主义教育思想的，是以实用主义哲学和机能主义心理学为其实用主义教育思想的理论支柱的，他在认识论上也陷入了不可知主义，这些都是我们在研究杜威教育思想、道德教育思想时所必须注意的。但即便如此，我们也不难发现杜威作为哲学家、教育家所特有的敏锐的洞察力和过人的智慧。比如，他对当时社会习以为常的以"课堂、书本、教师"三中心为主体的传统教育思想进行了批判，提出了教育要合乎社会生活、尊重儿童的个性和发展、重视在活动中学习等许多积极的、在当时看来比较新颖的主张。应当说，杜威实现了教育理论发展的历史性转变。

杜威作为 20 世纪美国影响很大、争议最多的一名哲学家、教育家，其以实用主义哲学为基础构建的实用主义教育理论对后来美国甚至世界范围内的教育发展都有广泛性、多方面的影响，并将会继续引起人们的重视和注意。目前，我国的各级各类学校正在全面进行课程

改革、教材建设,学校的教育理念、教与学的方式正处在调整和转型的时期,虽然我们的教育教学改革已经取得了一些积极的进展和明显的成效,但庸容讳言,现行学校的教育教学的许多方面在相当程度上仍没有完全从传统教育中走出来。我们应当站在21世纪教育教学改革和发展的高度,重新审视和分析杜威博大精深的教育思想,消除其谬误,吸纳其精华,关注学生,关注生活,努力探索构建具有中国特色、时代特征、全球视野的教育理论体系和教育教学模式。

应当看到,西方哲学从近代到现代的转向与马克思的哲学革命的政治背景大不相同,两者必然存在原则上的区别;但两者发生于大致相同的历史时代,具有共同的历史和文化背景,因而它们又可能存在某种相通之处。马克思强调实践,认为改造世界方为哲学的根本意义,并以此超越旧唯物主义和唯心主义辩证法,把唯物主义和辩证法有机地统一起来,形成了唯物辩证法。在这些方面,杜威与马克思相距甚远,完全不能与马克思相提并论。但要看到,杜威之所以能够适应并引领西方哲学从近代到现代转向的潮流,那就与马克思主义哲学同样既有原则区别,又可能有某种相通之处。这"某种相通之处"突出地表现在,杜威也视实践为哲学的根本意义。他的在实用主义哲学引领下的教育思想,更是突出实践、行动与生活。在这一背景下,杜威的教育思想对我们来说确实是具有重要的参考价值和借鉴意义的。

# 第五章

# 我国道德教育的现状与分析

## 一、我国道德教育的思想资源和理论基础

研究道德教育，必须对道德这一概念、这一现象有科学的认识。道德属于上层建筑的范畴，是一种特殊的社会意识形式。它是以善恶为评价方式，主要依靠社会舆论、传统习俗和人们的内心信念来维系并发挥作用的原则规范、心理意识和行为活动的总和。道德是人类社会生活中一种十分复杂的社会现象，道德也是人类社会生活中一种非常重要的行为调节方式。可以说，道德与人类社会生活相伴随。人类自产生之初，由于协调人际关系的需要，社会生活中便出现了初步的道德规范和道德调节。道德规范对人的行为方式的调节与其他规范不同，具有其自身的特殊性，它是一种需要内化于心然后外化于行的行为规范。所以，道德同时也是人的自身素质的一个组成部分和一种具体体现。在一个社会中，道德体系是否建立并不断得到完善，道德规范能否发挥其认识、调节、规范等的功能和作用，社会成员是否普遍具有较高的道德素质水平，这一切，对这个社会的和谐稳定、健康发展都具有十分重要的作用。因此，道德教育历来都受到各个社会的高度

重视。道德教育既是各个社会共有的教育现象,又有其独特的历史性和继承性。

在我国,道德教育一词涵盖的范围甚广,有广义与狭义之分。从狭义来说,道德教育就是仅仅指从伦理角度进行的教育;从广义来说,道德教育就是德育,它主要包括五个基本方面的内容,即政治教育、思想教育、道德教育、法治教育和心理教育等。道德教育包括学校的道德教育、社会的道德教育、家庭的道德教育以及个人自我的道德教育,等等。但由于学校的道德教育与其他的道德教育相比较而言更具有代表性、典型性、系统性,因此,在没有专门说明的情况下,道德教育一般是指学校的道德教育,或者说以学校的道德教育为主同时兼有其他的道德教育,本书就是在这个意义上来使用道德教育这个概念,来对道德教育进行研究的,这是需要加以说明的。社会主义道德教育以马克思主义理论和中国特色社会主义理论体系为指导,以唯物史观为方法论,以中国特色社会主义共同理想和共产主义理想为依据,以马克思主义伦理学为学科基础。同时,它遵循马克思主义理论联系实际、理论与实践紧密结合的原则,坚持社会主义道德的实践性特征。

**1. 我国道德教育的思想资源:以儒家伦理思想为主要内容的中华传统伦理思想**

中华传统伦理思想源远流长、博大精深、内涵丰富,是中华传统文化中的一个重要组成部分,是人类文明发展中富有鲜明特色的重要精神财富,是我国社会主义道德包括道德教育的源头活水。正如毛泽东所说:“我们这个民族有数千年的历史,有它的特点,有它的许多珍贵品。对于这些,我们还是小学生。今天的中国是历史的中国的一个发展;我们是马克思主义的历史主义者,我们不应当割断历史。从孔夫子到孙中山，我们应当给以总结，承继这一份珍贵的遗产。”①也正如习近平所说：“不忘本来才能开辟未来，善于继承才能更好创新。对历史文化特别是先人传承下来的价值理念和道德规范，要坚持古为今用、推陈出新，有鉴别地加以对待，有扬弃地予以继承，努力用中华民族创造的一切精神财富来以文化人、以文育人。”②中华传统伦理思想是指以儒家伦理思想为主要内容并包括墨家、道家、法家等传统伦理思想在内的伦理思想。在中国历史的长期发展过程中，在各种思想文化的不断演变过程中，儒家伦理思想与墨家、道家、法家包括后来的佛学等的伦理思想既相互影响、相互交流又相互融合、相互吸收，共同形成了中华传统伦理思想。中华传统伦理思想蕴含着丰富的思想道德资源，我们今天开展道德教育，应当全面地、科学地吸收和借鉴中华传统伦理思想。在此基础上，应重点吸收和借鉴作为中华传统伦理思想主要内容的儒家伦理思想。儒家非常重视伦理道德问题的研究，试图以道德作为所谓治国平天下的主要手段。伦理思想是儒家学说的核心，并与其哲学思想、政治思想等融为一体，构成了一个比较完整的理论体系。儒家伦理思想不仅是中华传统伦理思想的主要内容，而且是中国传统文化的核心内容，它在两千五百多年的风雨历程中逐渐形成、积淀并展示了丰富的伦理道德思想内容，在中国历史上产生了极为广泛、极为长久、极为深远的影响。从道德教育的思想资源的角度来看，儒家的伦理思想值得吸取的精华很多。

儒家内部虽然也包括着一些不同的派别，各派的伦理思想不尽相同，各派对一些道德问题的认识也有所差异，但他们既然都属于儒家，因而其共性大于个性。概括地说，他们主要有以下几个共同特点。

---

① 《毛泽东选集》第2卷，人民出版社1991年版，第533—534页。

② 《习近平谈治国理政》，外文出版社2014年版，第164页。

(1)重视探讨道德的本源

孔子一方面认为“天命”是道德的本源,另一方面又提出“性相近,习相远”的命题,强调后天的“习”对人的本性以及个人道德品质形成具有的重要作用。孟子虽然也讲“天命”,但他把道德的本源主要看作是人之性善,他企图从人本身、人的心理和生理上去寻找道德的本质和起源。荀子不同意关于“天命”的作用的说法,提出要“明于天人之分”,即天与人是有区别的,人性本恶,视道德为人性恶的结果,正因为人性恶,所以,才需要道德对恶的人性加以修养、调整和节制,他认为,礼义道德是为了“养人之欲,给人以求”,从而把道德与人们的物质生活需要联系起来。后来的《中庸》把天命论与孟、荀抽象的人性论调和起来,提出:“天命之谓性,率性之谓道,修道之谓教。”可以说,汉代以后,儒家的后继者关于道德的本质和起源问题的讨论,基本上都是围绕着这些命题来展开的。

(2)主张重义轻利

儒家历来把“利”看成是个人的私利,把“义”看成是道德原则和道德规范,认为在“义”与“利”即道德原则和道德规范与个人私利发生矛盾时,应当“义以为上”、“先义后利”,强调要“见利思义”、“见得思义”,主张“义然后取”,反对“重利轻义”、“见利忘义”。在儒家看来,只有强调义,才能义利两得,而重利,则会义利两失。正是基于对“义”和“利”的看法,儒家主张“杀身成仁”、“舍生取义”,提倡为道义而奋斗、为道义而献身的精神。孔子提出的以仁为核心的道德规范体系,就包含了孝悌、忠恕、信义等许多道德规范。

(3)注重讲求仁爱,以孝慈为本

儒家伦理思想的创始人孔子,以“仁”作为自己伦理道德思想的核心,并最先把“仁”同“爱人”联系起来。孔子对“仁”既从正面立论,即

"己所不欲，勿施于人"①，"己欲立而立人，己欲达而达人"②，又从反面立论，即"我不欲人之加诸我也，吾亦欲无加诸人"③。就是说，凡是我不愿意别人施加于我的一切事情，我都应当自觉地不施加于人；我希望达成的事情，也要允许和帮助别人能够达成。孟子也强调"老吾老以及人之老，幼吾幼以及人之幼"④。仁爱这种道德修身、注重内省的方法，有利于人们追求至善至美的人文精神，塑造自身健全高尚的人格。儒家视孝慈为仁义的根本。孝是儒家文化中一个十分重要的道德规范，其内容一是养二是敬，强调子女孝敬和赡养父母。孝的根本是一种爱与敬的情感和行为。在今天，倡导孝道，并以此作为道德修养的重要内容，仍具有重要的现实意义。在进行道德教育时，注重培养人们的爱心和责任感，是大有裨益的。

（4）倡导追求诚信

在儒家伦理道德中，诚信的意思是诚实守信、诚实无欺，儒家对此看得很重、很高。孔子不仅提出"人而无信，不知其可也"⑤的思想，而且认为"民无信不立"⑥。荀子则进一步将信推行于选贤治国，使信不仅成为朋友伦理、交际伦理的规范，而且扩至一切伦理关系皆应以诚信为本。这种强调以诚为本、取信于人、讲究信用、遵守诺言的道德品质和价值取向，有利于引导广大社会成员正确处理义利关系，形成正确的、健康的、积极的价值观。

（5）强调道德的社会作用

孔子认为，道德的作用比法律大，或者说，道德的作用更根本，"道

① 《论语·颜渊》
② 《论语·雍也》
③ 《论语·公冶长》
④ 《孟子·梁惠王上》
⑤ 《论语·为政》
⑥ 《论语·颜渊》

之以德,齐之以礼,有耻且格”,就是说,只有让人们真正掌握道德、懂得礼仪,才能使人们懂得羞耻,从而自觉地遵守社会秩序和道德规范,而不违法乱纪。孟子提出由“不忍人之心”,发而为“不忍人之政”,认为人的本性是善的,人心中都有仁、义、礼、智四端,这四端就是所谓善的萌芽,只要通过道德修养的办法,把人心中的仁、义、礼、智四端,不断“扩而充之”,就能实行“仁政”。在他看来,道德是政治、法律的根本和基础,脱离这个根本和基础,政治、法律就很难发挥作用。荀子虽然肯定了经济、政治的重要,但也认为道德是治国的根本,说“隆礼贵义者其国治;简礼贱义者其国乱”。他强调,君臣之义、父子之亲、夫妇之别的道理必须每日研究,不可疏忽或停顿。由此可知,儒家各派都有程度不同的道德决定论的倾向。

(6)重视道德教育和道德修养

儒家伦理思想认为,在物质生活基本满足的情况下,人应当追求崇高的精神生活,而道德需要是人的精神需要中最高尚的需要,要实现这种需要、满足这种需要,必须“好学”,既要学习一般的文化知识,也要学习伦理道德知识。因此,就需要进行道德教育。儒家代表人物中有不少是教育家,他们在长期的教育实践中,积累了丰富的道德教育经验,形成了系统的道德教育理论。孔子教育学生的内容主要是文、行、忠、信几个方面,其中心是道德教育。在强调道德教育的同时,儒家也重视个人的道德践履和道德修养,甚至把它提到决定国家命运的高度去认识,认为“身修而后家齐,家齐而后国治,国治而后天下平”。因此,他们强调“自天子以至于庶人,壹是皆以修身为本”。孔子认为,人们应当“见贤思齐焉,见不贤而内自省也”①。在道德修养的具体方法上,儒家各派的主张不尽相同,各有特色。比如,孟子强调

① 《论语·里仁》

内省,充分发挥人的自觉能动性;荀子主张化性起伪,重视环境的影响作用和人的后天努力。孟、荀二人尽管在道德修养的方法上不同,但又都承认“人皆可以为尧舜”,“涂之人可以为禹”,这实际上是殊途同归、异曲同工。

总之,儒家伦理思想以仁为核心,以社会伦理和道德修养为主要内容,注重维护国家的安定团结和社会的整体利益,重视恪守诚信的品格和人际关系的和谐,强调道德践履和道德修养,等等,这些都潜移默化地影响着人们的思想观念和行为规范,不仅在历史上发挥了极大的、持久的作用,而且在经过创造性转化、创新性发展之后,对当前我国的道德教育也有很好的借鉴作用。

### 2. 我国道德教育的理论基础:包括马克思主义伦理思想在内的马克思主义理论

马克思主义是关于自然、社会和人类思维发展的一般规律的科学理论,是以辩证唯物主义和历史唯物主义为理论特征和世界观方法论基础的科学理论,是以致力于为最广大人民谋利益作为自己根本政治立场的无产阶级学说,是以实现共产主义最高理想为根本目标的科学社会主义学说,是中国革命、建设、改革的根本指导思想。马克思主义具有与时俱进的理论品格,仍然是我们认识世界和改造世界的强大思想武器。当今我国道德教育的理论基础,就是马克思主义理论。这就是说,在道德教育中,要坚持以马克思主义科学体系为指导,把握并体现马克思主义的本质规定性、马克思主义的基本原理、马克思主义的基本特征等;要坚持以马克思主义中国化的最新成果为指导,注重加强中国特色社会主义理论体系和习近平总书记系列重要讲话精神的学习教育,并以之来指导道德教育。当今我国道德教育在坚持以马克思主义理论作为自己理论基础的同时,还要积极吸收、借鉴伦理学、政治学、教育学、心理学、社会学等学科的理论和方法,才能逐步形成中国特色社会主义的道德教育学说。

马克思主义伦理思想是马克思主义理论的重要组成部分之一,是马克思主义关于道德特别是社会主义道德、共产主义道德的科学理论,它与当今我国道德教育联系最密切,它为当今我国道德教育提供了直接理论依据。下面,对马克思主义伦理思想的产生和发展作一个简要的介绍。

(1)马克思主义伦理思想是无产阶级同资产阶级斗争的产物

19 世纪 30—40 年代,随着资本主义经济的发展,社会化生产与私人占有制之间的矛盾不断加深,阶级斗争日益尖锐,先后爆发了"三大工人运动",即英国工人宪章运动、法国里昂工人运动与德国西里西亚工人运动。无产阶级在反对资产阶级、表达自己的利益诉求时,逐步形成了"忠于本阶级,遵守纪律,互相援助,舍身奋斗和组织性等等道德品质"①;同时,现代化大生产也造就了工人阶级大公无私、团结合作、吃苦耐劳、高度的组织纪律性等良好的情操和行为习惯。

马克思指出,对于无产阶级来说,唯有集体行动,一致面向资产阶级作斗争、向自然作斗争,才能改善自己的处境。② 集体主义便是无产阶级整体利益的集中体现,是衡量无产阶级个人行为和品质的道德标准,也是无产阶级道德的基本原则。而共产主义道德就是从无产阶级完整利益中引申出来的,它以忠于共产主义事业的集体主义为根本原则。③ 此外,谦虚谨慎、大公无私、富于牺牲精神、勤劳节俭等,也都是无产阶级的道德规范和道德品质的重要内容。

---

① 【俄】加里宁:《论共产主义教育》,中国青年出版社 1979 年版,第 242 页。

② 魏英敏:《新伦理学教程》,北京大学出版社 2003 年版,第 80 页。

③ 陈万柏、张耀灿:《思想政治教育学原理》,高等教育出版社 2007 年版,第 198 页。

(2)马克思主义伦理思想的产生是人类伦理思想发展史上的根本变革

在马克思主义伦理思想产生之前,西方的伦理思想总是从唯心主义历史观出发,从抽象的人性论出发,从理论上甚至主观上为人们制定出一些所谓理想的伦理规范,割裂社会存在与道德、经济基础与道德之间的关系。这样的道德往往不能正确回应和科学解答现实生活和道德实践中的种种问题,因而它们不仅在理论上是苍白无力的,而且在实践中是行不通的。伴随着马克思主义的诞生,马克思主义伦理思想也应运而生。马克思主义伦理思想的产生是人类伦理思想发展史上的根本变革。马克思主义伦理思想,它是建筑在唯物主义历史观的基础上的,它将科学的世界观与方法论有机结合起来,将人的本质归结为现实社会中一切社会关系的总和,将社会关系看成是历史的、具体的、发展的、变化的,将伦理、道德等看作是社会经济关系和人们之间社会关系的反映。在唯物史观的指导下,无产阶级所确定的社会的道德规范和道德标准,已经不再是那些主观构想出来的所谓道德教条或道德训条,而是源自于社会存在与社会道德生活事实。马克思主义伦理思想源于实践、高于实践、指导实践,与实践紧密相连,并且与时俱进、不断发展、逐步完善,因而能对人们的社会生活、能对人们的道德修养、能对现实的道德实践,等等,始终发挥指导、引领、推动的重要作用。

## 二、我国道德教育的探索与实践

自人类有文字记载以来,可以说,道德教育就一直存在,只不过在不同的历史条件下、不同的社会生活中,道德教育的样态、形式、内容、方法、要求等不同或不完全相同罢了。一定的道德教育的具体形态是与一定的历史文化国情、政治经济体制、社会意识形态、精神文明状况、公民人文素质等诸多因素紧密联系的。新中国成立以来尤其是改革开放以来,随着社会生活各方面的变迁和社会成员各方面的变化,我国的道德教育也在不断地探索、改革和发展,并且发挥了重要的作用,取得了良好的效果。概括地说,我国道德教育的探索与实践大体上可分为两个阶段:第一个阶段,是从 1949 年新中国成立到 1978 年党的十一届三中全会召开前;第二个阶段,是从党的十一届三中全会召开至今。应当说,这两个阶段是不可分割的,都是我国道德教育实践过程的重要组成部分,当然,由于种种原因,这两个阶段也是有一定的区别的。现在,我们正处在第二个阶段,这个阶段是我国道德教育的恢复、发展、繁荣的时期。我国道德教育肩负着历史的使命和重大的责任,在社会主义现代化建设中,在激励人们为全面建成小康社会、为实现中华民族伟大复兴的中国梦的奋斗中,继续发挥着极大的作用。对我国道德教育的探索与实践,可以从不同角度加以分析和概括。如果从道德教育的形态或方式的演变或改革的角度来看,我国道德教育的探索与实践主要经历了从"独白式"向"问诊式""对话式""参与式"的转变。

**1. 独白式道德教育**

所谓独白式道德教育,是指道德教育是由一个权威独断独行地决定。[①] 独白式道德教育作为一种道德教育的形态或方式,在中国有着悠久的历史传统和深厚的思想基础。就儒家思想来说,从春秋战国时期的孔孟之道,到秦汉隋唐时的天人感应,再到宋元明时期的程朱理学,可以说,它们都把封建道德看成完全是天或圣人之心独白的产物。

① 朱延华:《德育转型论》,中央文献出版社 2012 年版,第 8 页。

而实际上,这些都只不过是“天子”一个人独白的产物。儒家的道德律、三纲五常更是无须经过人与人之间的商谈来确定。① 历史上流行的这种独白式道德教育,可以称为旧的独白式道德教育。

新中国成立后的一段时间,无论是共产党新政权,抑或是社会主义新国家形象的创建,都急需赢得国民的认同,这认同感则主要来源于人民对于国家的热爱和对政党制度的拥护。② 于是,在马克思列宁主义、毛泽东思想指导下形成的、反映社会主义经济关系的、体现历史发展趋势的新道德,也就理所当然地替代了以儒家伦理思想为主要理论支撑的旧道德,逐步形成了新的独白式道德教育。这一时期,教育要求人们“又红又专”,道德教育的重心便是爱国主义教育。社会主义制度的不断巩固、计划经济体制的日益完备,在某种程度上都强化了独白式道德教育的制度基础。而在新中国成立初期,独白式的道德教育也确实发挥了其重要的作用。

首先,独白式道德教育是当时人们思想改造的需要。新中国成立以后,首要的政治任务之一,就是人们的思想改造。在建设社会主义的巨大热情感召下,在彻底批判和清除封建地主阶级道德、资产阶级道德和其他一切落后道德的社会背景下,在培养新时代的建设人才的迫切需要中,尽快地把最好的、最进步的、最科学的道德内容甄选出来,把马克思列宁主义、毛泽东思想以及革命战争年代形成的优良革命传统与社会主义新道德,灌输到包括大学生在内的青少年的头脑当中,这是当时的高等教育、中小学教育和其他一切教育都应当承担的任务,更是走在时代前列的道德教育义不容辞的责任。在这种形势下,面对现实的迫切需求,道德教育方面的内容安排当然更加重要,而其方法和手段的选择相对而言就显得次要些。

① 张世英:《新哲学讲演录》,广西师范大学出版社 2004 年版,第 406 页。
② 卜玉华:《我国道德教育变革脉络分析》,《中国教育学刊》2013 年第 3 期。

其次,独白式道德教育满足了当时经济发展的要求。新中国成立初期,国家百废待兴,社会主义计划经济体制下的各个方面、各个领域、各个单位、各个部门都急需大批“又红又专”的人才。此时,各种高度专门化的院校对大学生实行类似“统购统销”的“车间式管理”,保证了人才的输送。独白式道德教育在某种意义上也成为国家计划经济链条上人力资源合理开发、教育与管理的一个有效手段和重要环节,对计划经济的协调运转起到了重要的思想保障和积极的推动作用。

第三,独白式道德教育也顺应了当时的教育对象的需要。作为高校德育对象的新中国第一代大学生,是一批少而精的党叫干啥就干啥的“天之骄子”。他们沉浸在来之不易的革命成功和新中国成立的极大喜悦中,对指导中国革命取得巨大胜利而被实践证明为科学正确的马克思列宁主义、毛泽东思想有着无限信服,对中国共产党在中国革命实践中的伟大光荣正确有着深切体会。他们思想非常纯洁,奉行着“螺丝钉精神”,人称“听话的一代”。有着这样理想的德育对象,也在相当程度上决定了各级各类学校必然会选择或开展独白式的道德教育。

独白式道德教育的流行,还有其哲学观点的支撑。长期以来,有一种哲学观点被我们所广为宣传,这种哲学观点的内容主要就是主体要认识客体、利用客体、征服客体,以达到“主客体的统一”。可以说,把世界万物当做认识的对象和征服的对象,就是这种哲学观点的核心。在这种哲学观点的影响下,在道德教育中,我们也长期存在着把受教育者仅仅看作为“被改造”的客体的倾向。因而在道德教育过程中,往往采用独白式的道德教育方法,将学生简单地变成了接受道德理论知识的“容器”,甚至使人物化。

其实,无论是从历史来考察,还是从现状来观照,我们都不难发现，在相当一部分学校道德教育中占主导地位的教学模式还是教师的“独白”，即教师主要通过包括讲解、讲演、讲述等在内的不同方式，将教学内容传授给学生，以求学生在思想、政治、道德等方面发生改变。独白式的道德教育通常把受教育者当做各种道德的理论、知识、规范的受体，对受教育者的心理世界、内在需要和个性特征关注不够，以至在道德教育过程中，教育者与受教育者之间因有一段相当的心理或情感的距离而难以相互理解和深入沟通。这种道德教育观念运用到实践当中，实际上就把本来应当丰富多彩的道德教育变成了单纯的、枯燥的说教与灌输。在这种教育过程中，用讲授的内容来“填满”学生就成为教师的主要任务，通过听讲把教师所讲的内容储存起来就成为学生的主要任务。显而易见，独白式的道德教育，不重视学生在教育过程中的主体性和独立性，使学生的求异思维得不到发展，探究精神得不到培养，甚至使学生的一些创造性的灵感和思想火花也因与教师的教学内容不符合、不一致而受到不同程度的压抑和否定。久而久之，学生就不愿意主动思考问题了，或者说自动地把思考的权力交给了教师，教师代替学生思想，学生所做的就是对道德概念、原理、规范的记忆、背诵和顺从。通过这种道德教育培养出来的学生，从一定意义上说，并不是真正的道德生活主体，也并没有真正自觉地掌握道德，一旦他们在社会生活中独自面对复杂的道德现象需要作出判断、比较、选择时，就会晕头转向、不知所措，甚至可能会作出不当的、错误的选择。因此，道德教育要有效开展，要深入学生的心灵，实现学生道德人格的完善，发挥其应有的作用，就要逐步改变长期流行并且目前仍然不同程度地存在的独白式的教育方法，采用科学化、多样化的方法，特别是诗性对话的教育方法。

历史总是在解决问题中不断前进的，事物也是在不断发展中发生变化的。随着计划经济时代的结束，独白式的道德教育变得日益不合时宜,其局限性也更加突出地显露出来。这时,许多有识之士和教育工作者就开始了对新的道德教育模式的探索与创新。

### 2. 问诊式道德教育

在新中国成立以后的前30年里,我国的道德教育主要就是共产主义道德教育,并且被纳入政治教育的范围内。在"文化大革命"期间,整个教育体系都受到政治运动的严重干扰和冲击,道德教育乃至整个伦理学研究几乎陷入瘫痪状态。而在党的十一届三中全会召开以后,伦理学的教育与研究逐步恢复了生机与活力。经过拨乱反正,国家各项事业、各方面工作开始逐步走上正轨,特别是随着国家开始实施改革开放的路线方针政策,道德教育也开始探索新的路径。在这种背景下,问诊式道德教育应运而生。

"问诊"是为了对症下药、解决问题。而所谓问诊式道德教育,就是在道德教育中通过问诊这种方式或形式而实现因人施教、因材施教。在道德教育的实践过程中,问诊式道德教育的体现是多方面的,比如,在道德教育任务上的体现,就是为经济建设和改革稳定的大局提供思想道德保障;在道德教育目标上的体现,就是为国家、社会培养"思想进步、行为规范"的合格的建设者和可靠的接班人;在道德教育价值上的体现,就是首先考虑在道德教育中"怎么教"的问题;在道德教育手段上的体现,就是手段的选择上是"多样化"、"大全化"(即全员、全过程、全时空、全内容、全载体等)。可以说,问诊式道德教育是高校道德教育从"教什么"向"怎么教"的一个巨大转变,体现了对受教育者经验过程、成长规律的体察和对学生自主性、积极性的认同。那时,与市场经济的基本取向"一切围绕市场转"一样,道德教育也开始提出"一切围绕学生转"。当代大学生的思想道德基本状况到底如何,其积极的一面是什么、消极的一面是什么,它们产生的原因又是什么，等等，围绕这些问题，各级部门和各类高校纷纷组织力量，采取各种方法，展开了大规模的、定期的大学生思想道德状况调研，以此全面发现和梳理大学生思想道德状况的积极面与消极面，正确认识和把握大学生思想道德状况的主流与支流，然后在此基础上，针对大学生在思想道德方面普遍存在的问题提出具体诊治方案，出台多项防范措施，力图寻求对症下药的良方。

20世纪80年代后期进入高等学校学习的那一批大学生，他们和新中国成立以后的第一代大学生有一些相似之处，比如，他们心中充满了对祖国的热爱之情，心系国家发展、民族安危和社会进步，学习刻苦勤奋，以“振兴中华”为己任；同时，他们还没有像后来的大学生那样逐步面临更多的个人生存和发展方面的艰难选择，对自己这个“小我”也没有太多关注。但他们和新中国成立以后的第一代大学生又有所不同，比如，他们身处国家改革开放和社会主义现代化建设的新时期，有更多的机会和条件接触更多的新知识新事物新现象，有更多的机会和条件了解国外发展情况、了解世界发展形势；同时，他们也不可避免地接触到了国家在改革开放和市场经济推进过程中出现的一些阴暗面、消极面，还遇到了像苏东剧变这种重大事件所带来的令人难以接受的思想冲击，因而他们对国家、对社会、对理想、对人生、对前途有了更多的关注、更深的思考和更广的探究。他们中的许多人在改革的阵痛中、在如潮涌进的各种思潮前，或迷惘，或困惑，或激情，或沉思。有人说他们是“冲动的一代”。面对在当时那种历史背景下成长起来的他们，问诊式的道德教育也是理性的选择。

问诊式道德教育无论是对于社会主义精神文明建设、社会主义道德建设，还是对于大学生的思想政治教育工作、大学生的稳定健康成长，等等，应该说，都发挥了其应有的作用，取得了其应有的成效。比如，1994年，北京大学针对当时大学生基础文明欠缺的情况，提出“文明修身”,①号召大学生“不随地吐痰”“不说脏话”“不在公共场合大声喧哗”,等等。此后,“文明修身”活动在全国许多高校蔚然成风、蓬勃兴起。针对这一时期大学生的文化水平和专业素质普遍有所提高,而他们的创新能力和实践能力较弱,特别是社会责任意识淡化,竞争意识较强而协作意识与合作能力不够等一些迫切需要解决的问题,许多高校从实际出发,通过广泛开展“文明修身”及相关的活动,有针对性地进行诊治,有针对性地进行教育,引导大学生从我做起、从小事做起、从当前做起,努力养成遵章守纪、团结同学、爱护公物、讲究卫生、仪表得体、兴趣高雅的行为习惯,自觉提高自身的文明素质和自律意识,在当时确实取得了非常好的效果。

总的来说,比起独白式道德教育,问诊式道德教育是有所发展、有所前进的,从某种意义上说,前者在教育过程中对受教育者具有一定的“强制性”,而后者在教育过程中则体现了对受教育者一定程度的尊重。但它们在本质上是一致的,或者说它们都有其共同的局限性,即它们在理念上、在教育过程中都仅仅把受教育者当做道德教育的客体或对象,而没有充分认可受教育者同时也是道德教育的主体。这在当时的历史条件下是可以理解的,因为两者都有着中国传统儒家伦理思想的历史基础和社会主义计划经济体制的现实基础。时代的变迁、实践的推进在迫切呼唤探索和采用更加科学合理的、符合社会发展要求的道德教育的方式或路径。

### 3. 对话式道德教育

道德教育作为一种社会活动,它从来都不是孤立进行的,而是与形势发展、社会环境等密切相关的,随着形势的发展、社会的变革、环

① 刘万永:《北大再提“修身”:成才先学做人》,《中国青年报》2001 年第 5 版。

境的变化,势必要引起道德的嬗变、道德教育的改革。现代社会既是一个开放的社会,又是一个多元的社会,因此,产生于比较传统、有些封闭、相对单一的社会环境中的道德教育及其方式,已经不能充分满足开放的、多元的现代社会对道德教育及其方式的要求。在时代的呼唤下,在实践的探索中,对话式道德教育应时而生。

一般地说,对话,是指一种与"单向式"的独白相对应的、以"沟通性"为宗旨的学说和思想。事实上,对话并非始于现代,对话之于教育也并不是一件什么新生事物,像人们所熟知的古希腊思想家苏格拉底就以所谓的"产婆术"开创了教育对话之先河。雅斯贝尔斯对教育中的对话有高度评价,按照他的说法,"对话是真理的敞亮和思想本身的实现……在对话中可以发现所思之物的逻辑及存在意义"。应当说,对话这种方式是很有意义的,它对教育特别是道德教育是具有很大的促进作用的。从一定意义上说,"真正的道德教育是苏格拉底式的。也就是说,是对话式的,是反复比较和平衡的,是容许有修正的,是采取一种不断接近的方式来达到一个比较确定的结论的。由于对话双方的地位是平等的,所以它不是强制性的而是民主与开放的"。因此,从教育特别是道德教育来说,对话与其紧密相连,对话应当是其最佳途径之一。道德发展的历史表明,道德生成的条件是对话,道德教育的本态是对话,道德教育的精神也体现或反映在对话上。在日常生活中,所谓对话,也就是指同处于一个教育过程中的主体双方从各自的认识或理解出发,遵循某种相同的规则,以语言为中介,以交往、沟通为实践途径,通过一定的互动和交流,促进主体双方取得更大视界融合、获得更多思想共识的一种交往活动。在这种活动中,强调相互理解的重要性,反对单纯的灌输说教,注重对话内容与社会实践、与生活世界的联系,它是人与人之间的对话,而不是人与动物之间的关系。因此,在一定的对话的环境或氛围中,教育者与受教育者双方打破各自的封闭状态,基本上没有什么约束,都处于自由状态,能够比较自主地充分地表达自己对某个问题的看法或意见,甚至可以进入更加广阔的话题领域。在这个过程中,教育者与受教育者之间显然是平等的,他们在平等地交换意见、平等地沟通思想,其间产生的"张力"可以促使双方积极思考。教育者尤其需要在"人、自然、社会有机统一"的价值维度内,积极探寻以对话和交流为方式方法的主体间性道德教育模式,走进受教育者的日常生活和内心世界中,及时发现受教育者在日常生活和内心世界中所存在的道德问题、价值问题,并通过相互的交流、沟通、对话、切磋等方式和路径,尽可能地达成合理的道德共识、价值共识,以避免道德教育陷入"唯我论"的价值困境。

对话式道德教育就是在一般对话理念的指导下,在道德教育中,主要包含对话意识的培养、对话范围的确定、对话情境的创设、对话内容的安排、对话能力的培养、对话过程的构建、对话条件的设置、对话效果的评估等多方面的操作要素或因素,而统一结合、有机构成的道德教育的活动形式、活动结构、活动机制及其配套的实施策略。对话式道德教育作为一种教育方式、一个理论体系并不是凭空出现的,现代教育学中的对话理论、哲学中的主体间理论、心理学中的建构主体理论等为其提供了坚实的理论依据。对话式道德教育的一个突出特点,就是要求教育者与受教育者双方在教育过程中、在对话中,不能盛气凌人而要平等地对待对方,不能随心所欲而要有共同的话语背景和遵守一定的话语规则,不能相互制约而要营造自由的、和谐的交往情景,不能说话粗鲁而要培养科学的质询意识,双方共同建构开放的话语模式。对话式的道德教育方法,是以人为本,强调互动,其广泛运用是道德教育发展的一个趋势。我们要提高道德教育的针对性、实效性,就应当从理性的"独白"走向诗性的"对话"。

对话式道德教育以自觉的道德共识、积极的价值认同为基础,以提高道德学习、判断、选择、评价、协同、创新等能力为核心，以教育者和受教育者的相互沟通和交流互动为特征，比较充分地体现了品德发展的本质意义和素质教育的基本方向。因而，对话式道德教育给现代道德教育注入了新的生机与活力，它是实现学校素质教育取向的一种理想方式，是现代教育向素质教育迈进的一个重要阶梯。

对话的运用是很有价值的，也是多领域的。通常来说，我们在教育中所说的对话是特指教师与学生之间的对话，是师生双方基于相互平等、相互理解、相互尊重、相互信任的立场，通过言谈、交流、倾听、切磋而进行的双向沟通、良性互动、共同学习、协调发展，从而达到双方共识增多、认识提高、视界融合的一种教育方式或方法。毫无疑问，这里的“对话”，不是一般意义的交流和讨论，也不是茶余饭后的闲聊和交谈，而是指对话中的各方思想观念的对接、内心世界的敞开，是对对方所谈内容的真诚地倾听和善意地接纳，在相互的认知、沟通、接受与倾吐逐步深入的过程中，实现双方心灵的相互碰撞和精神的相遇相通，这个过程，其实就是共同成长、共同进步、共同发展的过程。对话的教育方式或方法极大地改变了以往道德教育过程中教师唱独角戏，多以“独白”的方式向学生单向传递和灌输道德知识，而学生只能从教师那里被动地接纳和领受道德知识的状况，使师生双方之间开始形成“我—你”的平等关系，在平等的交流中，真正做到思想见面、心灵沟通，使双方的道德品质、人格素养、精神境界都得到进一步的提升和完善。对话式道德教育这种方式或方法对教师来说更加具有现实意义。在采用对话式教育方法的道德教育中，教师可以以独特的现实情境（主要以对话的方式）营造一种良好的氛围，使参与对话的教师与学生之间增进相互的沟通、密切平等的交流，通过对话、讨论甚至辩论等，引导学生不断地认识、体验、反省，并鼓励学生通过自己深入的道德思考、具体的道德实践、真实的道德生活来认识、体验、选择、践行正确的道德取向和道德规范，从而唤醒并激发学生的上进心和责任感，使学生自觉地由被动消极的道德约束对象发展为不断追求自我发展和自我完善的思想道德主体。应当说，对话式道德教育方式或方法很好地体现了道德教育的本真精神、价值理念和价值选择，具有鲜明的时代意义，它不仅是对传统道德教育方式或方法反思的结果，而且是道德教育本身科学发展的要求，还适应了受教育者的接受心理、接受特征的需要，其广泛运用是现代道德教育发展的一个趋势。

**4. 参与式道德教育**

参与式道德教育是近些年来人们在探索、改革道德教育过程中逐步出现的一种教育方式或方法。它是指在道德教育中，在科学的主体教育思想或主体式教学理论的指导下，以发挥教师和学生两个方面在道德教育中的积极性、创造性为前提，以学生主动参与、自觉参与道德教育过程为特点，以培养学生正确的主体意识、形成学生明确的主体观念、发展学生较强的主体能力为目标，由整体设计、统一实施、同步推进的教师教的程序与学生学的程序有机组成的道德教育教学实践活动样式。参与式道德教育具有一定的综合性和创新性，它包含着问诊式道德教育、对话式道德教育的方式或方法的应用，而又在它们的基础上有新的发展。它旨在进一步改变传统的道德教育教学模式中学生被动学习、消极学习、应付学习的状况，突出学生的主体性、自觉性、能动性，强调学生的自我管理、自我协调、自我教育，引导学生积极主动地面向实际，开阔眼界，思考问题，体悟人生，丰富知识，发现真理，增长才干，自觉践行，在复杂的社会生活中学会分析与鉴别、判断与选择，使学生成为自己思想进步与道德修养的真正主人，在开放的环境中，通过学生的亲历亲为和在其中的感知感悟，生成他们应有的道德认知水平和道德行为能力。

在我国当前的道德教育实践中，人们越来越关注学生的探究、思考、体验及情感和价值观的发展，越来越注重学生的生命意识、生命观念、生命体验、生命发展，努力通过各种道德教育方式或方法的探索和运用，使学生能够将其认知、情感、意志、态度等都参与到道德体验中来，使学生能够在参与中获得自身精神的丰富和完整生命的成长。参与式道德教育不仅对教师而且对学生都有较高的要求，因此，对这种教育方式或方法的运用，需要根据实际条件，积极稳妥地加以探索，并在探索的实践中不断进行总结提高。

**5. 现代社会对道德教育的新要求**

随着我国对外开放的进一步扩大，社会主义市场经济的不断发展和完善，以及以网络为代表的新媒体时代的快速到来，我国社会生活的各方面、各领域已经并正在继续发生前所未有的巨大变化。比如，社会经济成分和经济利益日益多样化，社会生活方式和社会组织方式日益多样化，人们就业岗位和就业方式日益多样化，而且，不同领域、不同群体、不同阶层、不同职业之间的利益差别也日益明显，这一切，势必带来人们思想认识、价值观念和思维方式的多变性、差异性。人们对各种思想观念、道德文化、社会思潮的接受和选择有了更多的机会、更多的条件、更广阔的空间，现实社会中经济结构、经济关系、利益成分的多样性使得人们的思想观念、道德认识、价值取向呈现多元化趋势。与此同时，经济全球化浪潮的汹涌澎湃，政治多极化趋势的不断发展，多元文化之间的交锋交流交融，国际资本不断突破民族、国家、地区的界限，使得地球早已成为了一个"地球村"，也使得世界上任何一个地区、任何一个角落的人们都不可避免地要受到"现代化"观念和生活方式的影响；伴随着新媒体的迅猛发展，人们逐渐步入网络化社会、新媒体时代，比过去更容易、更方便、更快捷地接触到各种各样的资讯和信息，世俗文化、大众文化在各种现代化传播媒介的推动下向整个社会扩散。特别是资本主义的政治观、人生观、价值观、道德观，西方国家的社会思潮、文化观念、价值理念、生活方式，借助于经济全球化的过程，借助于各种媒体、介体、载体，有计划、有步骤地向发展中国家进行宣传和传输，逐渐渗透到各民族深层次的思想意识和文化心理结构之中，从而极大地影响着发展中国家人们的价值观念、生活方式，冲击了各国人民对本民族传统文化的认同、坚守。带有政治目的的意识形态的长期渗透，将会慢慢腐蚀一些意志不坚定的人的政治信念和对国家的认同意识。这些都给人们造成了一定的精神文化方面的诱惑和压力，容易动摇一些人的理想、信念和价值观。这一切，对今天的人们的思想道德素质和修养提出了新的更高的要求，对今天的道德教育提出了新的更严峻的挑战。

在经济全球化、政治多极化、文化多样化、信息网络化、知识海量化、竞争激烈化的时代背景下，在我国协调推进“四个全面”战略布局的过程中，我国的整个教育战线、教育系统特别是高等教育领域也在大规模、大幅度、大力度地进行改革：高等教育大众化的步伐不断加快、毕业生就业市场完全放开、专业建设课程建设学科建设继续深化、人才培养模式改革更加深入、教学管理逐步走向法制化……等等。同时，高校的道德教育也面临着一系列新的挑战，大学生的理想信念问题、心理健康问题、责任感缺失问题、贫困生增多问题、道德滑坡问题、行为异常现象加剧等日益暴露出来。在这种情形下，从 20 世纪 80 年代末实行至今的、包揽一切的“医疗队”型问诊式道德教育逐渐感到力不从心。道德教育不仅需要认识和遵循知识形成的规律，更要重视和遵循受教育者认知发展的规律。而在个人的自我意识愈来愈强的今天，教育也要加快向民主与平等对话的方向发展。在今天，对于道德教育来说，道德标准不再是一两个人的“独白”，也不再是“一刀切”的诊断，而是要通过对话的形式去达成共识、提高认识；教育内容不再局限于政治灌输，而要更注重于培养为社会服务、具有责任心、实践能力强的全面发展的建设者和接班人；道德教育的价值不仅仅要体现社会本位，也要充分考虑个人的发展，要将个人发展与社会需要有机结合起来；道德教育的手段不仅仅是灌输社会主义、共产主义的人生观、价值观、道德观，而且也要尝试"回归生活"，也要考虑"教的如何"的问题。

不难看出，我们对现在及未来的道德教育的期盼，在很多方面是与杜威的道德教育思想有一定程度的契合的。毕竟当代处于转型期的中国与杜威在世时的美国是有一些相似之处的。从这里也可以看出杜威这个世界闻名的哲学家、教育家的伟大之处。而在学习与借鉴杜威的道德教育思想之前，我们应当在前面充分肯定我国道德教育的探索与实践及其所取得的突出成绩的基础上，正确认识新形势下我国道德教育的时代特点，同时了解一下我们自身在道德教育方面究竟有哪些不足、已有的道德教育究竟有哪些问题。

## 三、新形势下我国道德教育的时代特点

新中国成立以来尤其是改革开放以来，我国的道德教育与社会主义先进文化建设相适应，与社会主义精神文明建设相配合，与社会主义道德建设相协调，在传承中发展，在发展中深化，在深化中创新。新形势下我国道德教育主要呈现出如下一些时代特点。

### 1. 现实性与超越性的统一

新形势下，道德教育肩负着引领社会成员立德修身、崇德向善的重要使命。因此，在道德教育中注意把握好现实性与超越性的关系。

在这里,道德教育的现实性主要包括三个方面:第一,从学生的实际思想觉悟和道德状况出发。不仅了解学生的实际思想觉悟和道德状况,还努力找到产生这些实际思想觉悟和道德状况的根源,增强道德教育的针对性。第二,遵循学生身心发展规律,从小抓起,因材施教,区分层次,循序渐进,增强道德教育的科学性。第三,将学校道德教育与社会道德教育、家庭道德教育相结合,注意研究社会环境、家庭环境对学生的影响,增强道德教育的系统性。不仅用社会道德生活中的新鲜事物、先进事迹给学生以正面的教育,还引导学生正确认识和看待社会道德生活中的一些消极、落后的现象,从而对社会和社会道德有较全面的认识。在这里,道德教育的超越性也主要包括三个方面:第一,道德教育的内容在反映和适应现实社会生活要求的过程中,又面向未来,在道德教育中包括共产主义道德的一些内容,增强道德教育的先进性。第二,在学生中选树一些道德上的先进典型,让有理想的人讲理想,有道德的人讲道德,增强道德教育的感染性。第三,用萌芽于现实又超越于现实的道德观念和行为准则来引导人、规范人、激励人,促进学生沿着道德的阶梯不断向上攀登,增强道德教育的引领性。总之,在道德教育中,既注重现实性,又注重超越性,能够将现实性与超越性有机统一起来。

**2. 民族性与开放性的统一**

新形势下,我国学校的道德教育坚持以马克思主义和中国特色社会主义理论体系为指导,以批判继承、科学扬弃、"古为今用"、"洋为中用"、推陈出新为原则,立足中国,放眼世界,将民族性与开放性有机统一起来。一方面,在道德教育中,注重民族性,加强对中华民族优秀传统美德的挖掘和阐发,注意吸收中华民族优秀传统美德的积极因素和合理成分,通过对中华民族优秀传统美德的创造性转化和创新性发展，为今天的道德教育提供丰富养料，以陶冶学生的道德情操，增强学生的精神力量。另一方面，在道德教育中，注重开放性，让学生置身于全球化的背景和开放的教育情境，引导他们正确面对各种思想文化的相互交流和丰富多彩的现代世界，以开放的胸怀和宽阔的视野吸收借鉴人类文明的有益道德成果；同时，重视培养学生的现代意识和创新精神，注重用社会生活中充分体现时代精神和发展趋势的新鲜事物和先进人物事迹教育学生，使他们在与外部环境的互动中，不断实现自身道德修养的完善和道德境界的提升。

### 3. 主体性与规范性的统一

新形势下，我国学校道德教育与过去相比有了较大的改进，不再单纯是从外部施加给学生的说教和约束，也不再是过多强调社会需要而忽视个人正当需要的教育，而是坚持以人为本、以生为本，把道德教育作为学生健康成长的内在需要，把学生作为成长着的道德教育主体来培养，使学校道德教育真正实现满足社会需要与满足个人需要的结合。一方面，学校道德教育注重主体性，尊重学生在道德教育中的主体地位，尊重学生的个性特征和心理需求，注重激发学生的主动性、自觉性，强调运用科学的精神和民主的作风进行道德教育，正由过去的“教会顺从”转向现在的“教会选择”，着力提高学生辨别是非善恶美丑的能力。另一方面，学校道德教育又注重规范性，重视“规范教育”，因为合理的道德规范是经济社会发展的客观要求，也是人类道德文明与群体自律精神的集中体现，它主要包括社会公德、职业道德、家庭美德、个人品德等。通过道德教育，使道德规范对学生逐步由外在的约束转变成内在的自觉，同时也使学生在发挥自己的主体性的同时符合规范性的要求，这种主体性与规范性的有机统一，促进道德教育不断取得实效。

### 4. 实践性与实效性的统一

新形势下,我国学校道德教育在深化改革的过程中,逐步改变单纯以理论“灌输”为主的形式主义的教育方式,在坚持科学“灌输”方式与其他有效教学方式并重,以使学生扎实掌握道德方面的理论知识的前提下,更加凸显实践性与实效性的有机结合。一方面,道德教育注重实践性,加大实践的分量和比重,以中国特色社会主义道德建设的实践为中心,引导学生面向实践、投身实践、深入实践,将道德教育与道德修养结合起来,将道德理论知识与道德实践活动结合起来,将参加集体的道德实践活动与个体的日常道德实践结合起来。另一方面,道德教育注重实效性,引导学生在实践中提高、在实践中成长、在实践中完善。通过实践,使学生实现道德的知、情、意、信、行的高度统一和协调发展,将社会主义核心价值观和社会主义道德要求转化为自己的思想认识和道德信念,外化为自己的实际行动和具体行为。实践性与实效性的有机结合,使得道德教育更接地气、更有成效。

以上,我们对新形势下学校道德教育的时代特点作了一个简要的概括和初步的分析。也许这个概括不一定全面,也许从不同角度还可以作出不同的概括,这都是可以讨论的。但我国道德教育正伴随中国特色社会主义事业前进的步伐而不断完善,这应当是可以充分肯定的。

## 四、我国道德教育存在的不足之处

在这里,有必要对本书所说的道德教育与一般所说的德育这两个概念的联系与区别再进一步作一些说明。在我国的学术语境中,德育这个概念有广义与狭义之分。从广义上说,德育与思想政治教育同义，指思想教育、政治教育、道德教育、法治教育、心理教育等；从狭义上说，德育指道德教育。在杜威那里，其道德教育思想就是他的德育思想，这两个概念可以通用，但其内容并非狭义上的德育而是广义上的德育，这是我们在研究杜威道德教育思想时所应当注意的。因此，本书所研究或论述的杜威的道德教育思想，其实就是他的德育思想，不过不是狭义上的德育思想而是广义上的德育思想。为了论述的方便，在论述我国的德育时，本书也主要使用的是道德教育这个概念，当然其内容包括但不限于道德的教育，而是包括了广义德育的一些内容，但又以道德的教育的内容为主。有的时候，也同时使用道德教育和德育这两个概念。

从总体上看，我国目前的道德教育以显性教育为主，在包括高等学校在内的各级各类学校，思想政治理论课或思想政治课、思想品德课都是道德教育的主渠道。但毋庸讳言，目前的思想政治理论课或思想政治课、思想品德课的内容还存在一些不足，如注重道德规范教育，缺少道德实践体验，使道德教育的内容显得教条。① 从目前的思想政治理论课或思想政治课、思想品德课程的纲目来看，大多是理想信念、人生观、价值观、法治观、集体主义原则、爱国主义精神、为人民服务要求等，大都是从道德规范这个体系来编章论目。这些在今天当然是完全必要、无可非议的，但还需要不断完善、继续改进。在当代中国，社会生活正向着多元化发展已经成为一个不争的事实，随之而来的是人与人之间在思想认识、道德观念、价值取向上的越来越大的差异。有着高度自我意识的一些个体真正关注的可能主要是自己面临的真实情境与体验到的现实生活。脱离了生活现实的理论，很难让人用心去学习。如果我们的道德教育不能做到关注社会现实、理论联系实际，

---

① 李玢：《关怀德育》，吉林人民出版社 2010 年版，第 12 页。

不能做到“以人为本”，①也就很难行之有效地帮助人们树立科学的世界观、人生观、价值观、道德观、法治观，更不利于解决人们普遍面临或其身边发生的真实的道德问题。因此，在充分肯定我国当前的道德教育所取得的巨大成绩的同时，我们要清醒地看到其仍然存在的一些问题或不足，这主要表现在：道德教育目标过于理想化、道德教育原则有些脱离实际、道德教育内容存在结构失衡、道德教育方法比较墨守成规、道德教育载体缺乏创新、道德教育机制不够健全、道德教育评价简单呆板，等等。

### 1. 道德教育目标过于理想化

道德教育目标过于理想化，既指将道德教育的目标设定得过高过远、过于宽泛、缺乏层次，也指对人在道德上的要求或期待过于理想化、全面化。

我国道德教育的目标设定是偏向于“社会本位”的。所谓社会本位的道德教育目的，强调的是从社会需要出发，注重的是教育的社会价值及其对社会的贡献。② 具体说来，就是在道德教育目标的设定上，我国虽强调阶段性，强调在不同的成长阶段、对不同知识水平的受教育者分别制定了具体的道德教育目标，然而，这只是一种表面的区分，实际上仍是以总体目标替代了阶段性、差异性的目标，而没有对这种阶段性与差异性进行更深层次的探究。这些目标基本上都是围绕“德智体美”“四有新人”、行为规范及遵纪守法等总体目标展开的，虽然从理论上看这些都是应当的、必需的，但过于宏观、过于笼统，而且比较缺乏亲切感、亲和力。并且，在教育过程中，道德教育目标还具有不明确性，在实际教学与宣传中往往就直接成为了具体的道德教育内

---

① 杨艳春：《德育人本论》，中国人民大学出版社 2012 年版，第 68 页。

② 肖北方：《教育学》，北京出版集团公司北京出版社 2010 年版，第 75 页。

容。这也影响了道德教育内容的层次性、区分度。相比较而言，美国、日本的德育目标虽没有层次感，但基本能够给本国德育一个清晰、具体、稳固及明确的定位，能够让人明白德育要培养的是什么样的人。①

另外，社会本位的道德教育目标还存在过于理想化的问题。它虽然看到了道德教育的社会责任，保证了道德教育的地位，但也容易导致对受教育者的期望过高、要求过高。我国正处于并将长期处于社会主义初级阶段，在这个阶段，人们思想觉悟、道德水平的状况是客观形成的，其提高毕竟受到诸多因素的制约，若试图将大多数人的思想觉悟、道德水平在短期内就提高到共产主义道德的理想境界，试图将大多数人培养成为公而忘私的共产主义者，突出共性而忽略个性，这是不切实际的。总的来说，在现实生活中，道德教育的目标的设定虽然比过去有所调整，但仍然比较脱离学生的年龄、心理和现实的生产力水平发展等的实际，致使道德教育的成效并不尽如人意。应该说，强调社会本位并不错，但对个人正当发展需求不注意、不兼顾就不合适了。

### 2. 道德教育原则有些脱离实际

道德教育的原则是在对受教育者进行道德教育工作时所必须遵循的基本要求，是处理道德教育工作中的各种矛盾、问题的共同准则，是引导和确保道德教育目标实现的基本准则。一般说来，道德教育原则是根据道德教育目标所确定和提出来的。而当道德教育的目标是一些比较理想化的框架时，道德教育的原则也就难免脱离实际了。在我国现行的道德教育中，最常出现的问题就是混淆德育与智育，用智育的原则来引导德育的工作，人们乐于看到受教育者的“物理反

---

① 李雅静:《学校德育衔接问题研究》,《河北科技大学学报》(社会科学版)2012 年第 3 期。

应”——即对各种行为标准、道德规范的识记,以死记硬背来应付考试,却并未真正重视到其知、情、意、信、行的提高与转化这一“化学反应”。事实上,这是一种以灌输为主的、流于表面的、不够科学的道德教育原则,也许有一点效果,但并不能真正帮助受教育者提高道德认识、道德水平,更不利于解决受教育者在现实生活中遇到的道德问题、道德困惑,反而可能让有些受教育者迫于应试的压力,学会了课上一套课下另一套的表里不一的做法。

### 3. 道德教育内容存在结构失衡

道德教育内容指的是用什么样的政治思想与道德规范教育人的问题。它是道德教育目标、道德教育任务的具体化,更是切实提高整个社会的道德水平、实现人的全面发展的重要保证。当前,我国已进入全面建成小康社会的决胜阶段,经济发展进入新常态。经济体制进一步发生深刻变革,利益格局进一步出现重新调整,各种思潮、理论、信息等通过不同载体、不同渠道、不同方式滚滚而来,思想文化和价值观念方面的碰撞、交融和冲突比历史上任何时期、任何时候都要频繁。而现在,道德教育的内容虽已有所改进,在某些方面变化还不小,但在一定程度上仍然存在着大而化之的问题,一些内容离学生的思想实际、离他们关心的问题较远,学生不太感兴趣,只是为应付考试而进行死记硬背,忽略了精神层面和精神实质的东西。

另外,在道德教育实施过程中,有的地方、有的学校往往存在着把重点内容变成唯一内容,或者用重点教育内容取代其他方面的教育内容,甚至忽视某些教育内容,造成了内容体系的不够完整和内容结构的某种失衡的现象。比如,重在维护政治教育的主导地位、突出理想信念教育,但对于社会公德、职业道德、家庭美德、个人品德等方面的教育远远不足。这种注重以政治立场或标准去框定道德,忽视道德教育相对独立的地位与作用的做法，往往使道德教育窄化为政治教育，或使人们对道德教育的理解狭隘化。在过去"以阶级斗争为纲"的年代，这样的做法也许是可行的。而现如今，党和国家坚持党在社会主义初级阶段的基本路线，坚持"以经济建设为中心"，这种政治主导型的道德教育内容体系便暴露出其明显的不足，即比较缺乏开放性，对飞速发展的时代适应性较差，难以充分应对经济与政治、文化发展不平衡而带来的一系列挑战，等等。

### 4. 道德教育方法比较墨守成规

方法的使用是为达到既定的目标，科学的方法能起到事半功倍的效果。在我国，多年来通常运用的道德教育方法主要包括说服教育、榜样示范、指导实践、陶冶教育及品德评价等。这些方法在今天当然还需要继续用，但更应当注重创新，特别是现在进入新媒体时代了，对道德教育方法的改进和发展提出了新的挑战和要求。然而，实际上，有的地方、有的学校在教育过程中，还是比较习惯于固守传统、墨守成规，唯书唯上，存在着求"静"怕"动"、求"稳"怕"变"等弊端，还是老一套的"授－受"灌输式方法——把社会所要求的道德观念、品德规范简单地甚至单向地"传授"给受教育者。这是与时代的发展、与学生的变化格格不入的，影响甚至阻碍了道德教育内容的教育和学生对这些教育内容的内化，造成了道德教育效果欠佳、作用不明显的后果。

### 5. 道德教育载体缺乏创新

道德教育载体的概念是从一般的载体的概念演化而来的。所谓载体，简单地说，就是指某些能承载他物、负荷内容、传送信息而进行运动的事物。载体是一种功能性、功用性的范畴，它反映的是事物的类本质，某一事物能不能被称为载体，是由该事物是否具有承载它物、负荷内容、传送信息而进行运动的功能或功用所决定的。同时，载体也是一种对象性的概念，它是相对于承载物而言的，没有承载物，也就不会有载体。所以，辨别一事物是否是载体，关键要看该事物是否由于与人的认识和实践发生了某种关系而进入了人的视野、人的生活，是否在与承载物的关系中表现出了该事物所具有的承载它物、负荷内容、传送信息而进行运动的功能或功用。

道德教育载体既然是一种载体，当然也具备载体的共同属性，它是指在道德教育中所承载并传递道德教育的内容或信息的所有事物、活动及过程。道德教育载体要承载一定的道德教育的内容、信息，要成为教育者与受教育者之间交流或沟通的中介桥梁，以助力于、服务于道德教育目标的实现。一般地说，承载功能、传导功能、中介功能和可控功能是道德教育载体具有的基本功能。具体地讲，教学载体、校园文化活动载体、管理载体和传媒载体等是道德教育的主要载体。教学载体就是把道德教育内容系统化、规范化、课程化，通过教学活动有计划、有步骤地传授思想观念、政治观点、道德规范，等等。教学载体主要以承载理性知识、传送思想内容为主，信息量较大、传播速度快等是其主要特点。校园文化活动载体是指教育工作者为达到一定的道德教育目的，根据教育内容的需要，以学生为主体，以校园文化为背景，寓道德教育于活动之中，通过开展各种形式多样、丰富多彩的活动，使学生们在开放性的活动中形成开放的个性，在现实的活动中认识现实的自我，并形成与现实相关联、现实所要求的理想人格，广泛性、间接性和开放性等是其主要特点。管理载体是指将学校管理与道德教育相联系，挖掘管理的教育功能，寓道德教育于管理活动之中，通过管理活动、管理手段来开展道德教育，使道德教育更加紧密地贴近学生的思想实际和生活实际。结合、渗透、规范、约束、沟通、协调等是其主要特点。传媒载体就是运用报纸、杂志、广播、电视、网络、微博、微信等传统媒体和新媒体来开展道德教育。特别是网络,在当今的道德教育中发挥着非常突出的作用。可以说,网络的运用不仅是道德教育手段的现代化,而且是道德教育观念和内容的现代化,如何更有效地利用网络这个载体,这在今天的道德教育中既是一个重点也是一个难点。

当前,从高校来看,道德教育或德育的载体与过去相比已经有了较大的改进,但仍然还程度不同地存在一些问题和缺失。比如,比较注重规范性的教育模式,对隐性的道德教育或德育的载体缺乏足够的认识,道德教育课或德育课真正发挥其认知功能不够,长期以来存在的相对忽视受教育者主体的弊端还没有完全克服,道德教育或德育方面的有效的整体教育合力还没有真正形成。当然,高校的道德教育或德育的载体也在不断完善过程中,其趋势是逐步由单一、单向、静态向多样、多向、动态发展,逐步由单向灌输型向双向互动型转变,逐步由防堵型向疏导型转变,逐步由单一显性向显性隐性相结合转变,逐步由单一模式向多样化格局过渡。

面对新的形势,在高校,道德教育或德育的载体选择应当在现有基础上有一个更大的改进,要更多地考虑选择那些有针对性、艺术性、实效性、知识趣味性和视听觉统一的载体来提高道德教育或德育的有效性、实效性。同时,高校道德教育或德育的载体要注重实现立体化、系列化和综合化的运用。高校道德教育或德育的载体运用的对象是青年大学生,是一个个生活于现实社会中的有个性、有特色的个人。高校道德教育或德育的载体在实际运作的同时,必须针对青年大学生动态的立体的人格动力结构来进行立体化的运作。人格动力结构就是指人在外界环境或其他事物的某种刺激下,其人格需要与人格判断相互影响、相互作用,从而使人产生一定的动机和行为。一般地说,在人格动力结构多次运动、不断运动、反复运动的基础上,就会形成人的比较稳定的人格特质,这种人格特质在人的实际行为中是要持续地发挥作用的。高校道德教育或德育的目标是要塑造大学生的理想人格,引导他们的正确行为。要实现这样的目标,高校道德教育或德育的载体,就应该针对青年大学生人格动力结构运行的各个要素、各个环节,从人格需要、人格判断和环境刺激这三个方面来具体运作。同时,一个行之有效的道德教育或德育的载体,必须保持其教育影响的一致性和连贯性,使其互相配合,协调一致,前后连贯。在当今时代,高校的道德教育或德育的载体还必须特别注重综合化的运用。因为各种道德教育或德育的载体各有其功能、特点,而它们之间又是相互关联的。在道德教育或德育中,单独运用某一种载体,其效果非常有限。只有综合采用多种载体从而形成总体性、整体性的影响,使整体大于部分之和,才能取得更好的效果。因此,我们要努力使道德教育或德育系统化、系列化、体系化,从而形成全方位、全过程的面向全体学生的高校道德教育或德育的载体网络。

高校道德教育或德育的载体建设具有重要的意义,它是实现高校道德教育或德育科学化、规范化和增强道德教育或德育针对性、实效性的一个切入点和结合点。必须遵循目的性、实践性、群众性、科学性的原则,以当代青年大学生的思想特点和思想品德的形成过程为依据。当代大学生思想活跃,可塑性强,在经济全球化背景下涌入我国的西方社会的各种思想意识和社会思潮,在改革开放和社会主义市场经济发展过程中产生的各种变化和各种现象,都会通过社会、学校和家庭等多种渠道、多种路径对大学生产生一定的冲击、辐射和影响。面对这些冲击、辐射和影响,大学生在思想观点、价值观念、道德认识等方面呈现出多元化和复杂化的特点。一方面,他们的眼界逐步拓宽,个人主体意识日益增强,要求民主参与;另一方面,他们中的一些人在道德上的实用主义色彩比较浓重,追逐政治功利。要根据这些特点，准确把握高校学生的思想品德如何从“认知”“认同”到“行为”和“行为习惯”的发展变化的过程和规律，着力培育和创建更多实效性、针对性强，具有感染力和吸引力的高校道德教育或德育的载体。

### 6. 道德教育机制不够健全

我国这些年在努力加强道德教育或德育建设方面做了大量工作，也取得了一些成效，但是，毋庸讳言，迄今为止，从总体上看，仍然没有形成一整套科学、严密而完整的道德教育或德育的体系和机制，在这种体系和机制的建设上，许多地方和学校还程度不同地呈现出一定的松散性和随意性。在一些学校中，仍然存在着道德教育或德育说起来重要，做起来次要，忙起来就可要可不要的现象，有时为了应付上级检查，才匆匆忙忙地进行一些道德教育或德育的活动。有的学校虽然也组织开展了一些道德教育或德育的活动，但是，活动的计划性、系统性不够强，还没有真正形成全面育人、全员育人、全程育人的学校道德教育或德育工作的体系，未能对学生产生整体的、稳定的、持续的影响。这一切，就使得道德教育或德育的效果打了折扣。

### 7. 道德教育评价简单呆板

道德教育或德育的评价历来是一个比较困难的问题、一个比较薄弱的环节。我国各级各类学校的道德教育或德育的评价目前存在的问题主要是：(1)评价的目标比较高、比较抽象。毫无疑问，道德教育或德育的内容具有一定的崇高性、理想性，提出较高的目标具有引导和激励的作用。但当代中国这方面的问题在于，道德教育或德育的目标往往比较抽象、空泛、笼统，目标与目标之间缺乏适当的层次和明确的区分，而且不太符合学生的思想实际和学校道德教育或德育工作的实际，很难充分反映今天学生思想品德的特色和学校道德教育或德育的个性,从一定程度上可以说是抽象有余、具体不足。用比较抽象或者说有点脱离实际的道德教育或德育目标作为学校道德教育或德育评价的目标,自然难以达到加强学校道德教育或德育工作的规范管理、促进学校道德教育或德育工作科学发展的目的。

(2)评价的指标体系有些缺乏科学性,过多强调共性和一般趋势。道德教育或德育评价,最重要的工作应当是建立科学的评价指标体系。因为它具有风向标、指挥棒的作用,直接影响着学校的办学方向。建立科学的学校道德教育或德育评价指标体系,是一项非常艰巨、复杂的工作。目前,我国学术界、教育界对建立什么样的学校道德教育或德育评价指标体系尚缺乏深入系统的研究,特别是在指标体系分解、指标体系权重确定、指标等级设计、指标体系测试和验证等方面的研究还很不够,因而,严格地讲,我国目前还没有真正建立起科学、客观、权威的学校道德教育或德育评价指标体系。近些年来,国家教育主管部门和有些地区的相关部门组织力量制定了一些大学、中学、小学德育评价的指标体系,在这方面的探索、构建方面迈出了可喜的步伐,但这些指标体系往往比较多地强调共性和一般趋势,不同程度地忽略了个体差异和个性发展的价值。用这种不够完善的指标体系对这方面的工作进行评价,其效果和作用必然要受到影响。

(3)评价的方法比较单一,过多地倚重量化评价的结果。从总体上看,我国目前道德教育或德育评价的方法比较单一,比较多地倚重量化评价的结果,而对体现新评价理念的、质性的评价手段与方法的研究不够、采用也不多。其中一个重要原因,就是由于人们对科学的认识和理解有误,使一些人简单地甚至盲目地把量化看成客观、科学、严谨、公正等的代名词,于是,在理论研究中,在实际工作中,一味地追求客观化、量化成为教育评价的趋势。其实,在评价内容综合化的今天,以量化方式描述、评定学校道德教育或德育工作时如果运用不当,容易产生僵化、简单和表面化的问题,纷繁复杂、丰富多彩的学校道德教育或德育工作就有可能被抽象的数据所淹没。而且,量化的评估把复杂的道德教育或德育现象简单化了或只是评价了简单的道德教育或德育现象,往往可能丢失道德教育或德育中更有意义、更为根本的东西。我们这样讲,并非反对或不赞成使用量化评价的方法,这种方法多年来被人们广泛采用是有道理的,而且在实际工作中也发挥了不小的作用。我们这里是强调要看到这种方法存在的局限性,在使用这种方法时要注意科学、合理。在道德教育或德育评价中采取量化评价的方法,操作起来也许比较容易,但必须对其科学运用并将其与其他方法的运用相结合,仅仅靠量化评价,未必能全面、客观地反映学校道德教育或德育工作的真实状况。

(4)评价的主体比较单一,被评价者大多处于消极的被评价地位。在传统的道德教育或德育中,有一种观点认为,人的德性不是由其自身的原因而是由某种外在力量赋予的,这种观点可以叫做德性外在决定论。按照这种观点,必然把道德教育或德育评价的权力交给人的德性决定者。在传统的道德教育或德育看来,在社会生活中,统治者及代表统治者的教育管理者就拥有进行道德教育或德育评价的无可争辩的权力。正因为如此,再加上其他一些原因,长期以来,我国道德教育或德育评价的主体常常是代表政府的教育行政管理部门或其他机构,而学校以及教师、学生、家长一般没有自我评价的权力,他们即便现在逐步有一定程度的自我评价了,但这种自我评价与前面所说的那种外来评价仍然是不能相提并论的。在传统的评价中,甚至在现在的一些评价中,评价者与被评价者扮演的基本上是管理者与被管理者的角色,被评价者大多处于消极的被评价地位,评价者与被评价者之间缺少必要的互动与平等的交流,被评价者对于评价结果大多处于某种不得不接受的被动状态,还没有形成现代社会发展所需要的、符合实际的评价者、教师、学生、家长等诸多主体或利益相关方共同参与、交互作用的评估模式。

(5)比较忽视对道德教育或德育活动过程的评价,没有形成真正意义上的形成性、发展性评价。道德教育或德育作为一种活动,从其流程来看,包括活动阶段、活动过程、活动结果等要素。要对这种活动进行全面评价,应当既包括活动结果评价即结果性评价,也包括活动阶段、活动过程评价即形成性、发展性评价。我国目前的道德教育或德育评价,比较重视对道德教育或德育活动结果的评价,即比较重视对道德教育或德育活动的结果性评价,这是有道理的。因为活动结果是道德教育或德育活动中的一个重要要素,它能在相当程度上反映道德教育或德育活动的情况,但它不是这个活动中的唯一要素,因此,评价也就不能仅仅看其结果。而我国目前不少地方、不少学校往往把学校道德教育或德育活动评价看作是道德教育或德育活动的终结,注重从现有的结果或已有的成效来衡量道德教育或德育活动的水平,对道德教育或德育活动的过程评价并不十分重视,对被评价者在各个时期的进步状况和努力程度精准关注不够,更缺乏对道德教育或德育活动整体的动态评价,没有形成真正意义上的形成性、发展性评价。简单地说,就是比较重静态的评价,比较轻动态的评价。这就不能很好地发挥评价促进道德教育或德育活动和工作发展的功能。

# 第六章

# 杜威道德教育思想对我国道德教育实践的启示与借鉴

## 一、对杜威道德教育思想的再认识与再审视

大体说来，自20世纪20年代至今，杜威道德教育思想在我国经历了一个引入、认识、批判、借鉴的比较长的过程。

### 1. 杜威道德教育思想传入我国

1919年4月30日，杜威携家人到达上海开始来华讲学，在中国逗留了两年零两个月的时间，在中国14个省市作了200多场演讲，尤其是在北京作的著名的“五大演讲”，在社会上引起巨大轰动。自此，杜威道德教育思想开始在我国广泛传播并产生一定的影响。可以说，20世纪20、30年代是杜威道德教育思想在我国的引入期。杜威离开中国后，许多学者在撰文介绍、阐述杜威教育学说的同时，先后陆续翻译了杜威的一些教育原著，如《学校与社会》、《平民主义与教育》、《明日之学校》、《我的教育信条》、《儿童与教材》、《兴趣与努力》、《经验与教育》等。通过这些活动和论著，杜威的道德教育思想逐渐呈现在我国读者面前，人们对杜威的道德教育思想逐步有了更多的了解。胡适、

陶行知、蒋梦麟等当时中国一批比较有影响的学者都深受杜威道德教育思想的影响，在他们的教育思想和实践中，都或多或少地蕴含着杜威道德教育思想的火花。

**2. 对杜威道德教育思想的批判**

由于特定的历史原因，20 世纪 50 年代中后期是我国对杜威的教育思想包括道德教育思想的批判期。在这一时期，除了一些文章外，这方面最有代表性的是 1957 年在湖北人民出版社出版的、由陈景磐先生所著的《杜威的道德教育思想批判》一书，该书同其他文章不同，可说是国内最早系统论述杜威道德教育思想的著作。该书对杜威道德教育思想作了一些研究，具有一定的史料价值，但由于是从全面批判的角度展开，因而书中难免带有当时历史条件所留下的烙印，对于人们全面、深入、客观地认识和理解杜威的道德教育思想还有所不够，或者说还有一定的偏差。

**3. 对杜威道德教育思想的反思**

1978 年以后到 20 世纪 80 年代末，是对杜威道德教育思想的反思期。此时，我国已经开始实施改革开放，整个社会氛围、社会环境与“文化大革命”时期相比逐步发生明显变化。伴随着中国学术界对西方学术思想和社会思潮研究的兴起，基于时代背景和学术立场，有的学者提出应当“重新认识和评价杜威”，一些学者对杜威思想包括教育思想、道德教育思想的研究开始谨慎与低调地恢复起来。1981 年，由赵祥麟和王承绪两位先生编译的《杜威教育论著选》在华东师范大学出版社出版，至今国内有关杜威道德教育思想的研究，该书都是其重要的参考书之一。1982 年，陈景磐先生发表《〈杜威的道德教育思想批判〉的补充》一文，对杜威的道德教育思想进行了比较客观、细致的分析和阐发，对人们了解和研究杜威的道德教育思想很有参考价值。

值得我们注意的是，港台学者在20世纪70年代末至80年代初掀起过一次关于杜威思想研究的高潮，在这个过程中涌现出一批有关杜威哲学、教育和道德教育思想方面研究的论著。与大陆的相关研究相比，港台学者对杜威思想的研究主要有两个特点：一是译介性著作增多，对大陆20世纪30、40年代的旧版著作予以一定的补充和更新；二是出现了一些比较性研究，将杜威教育思想与其他重要教育家的思想或观点进行对比。这些，都为日后这方面的研究开辟了新思路、提供了新参考。

#### 4. 对杜威道德教育思想的重新认识与借鉴

20世纪90年代至今是对杜威道德教育思想的全面认识与借鉴期。20世纪90年代以来，随着我国对外开放的扩大和教育改革的推进，我国越来越多的学者开始运用马克思主义的观点、采取实事求是的态度、坚持科学的方法，全面深入研究杜威的教育和道德教育思想，产生了一大批研究成果，其中比较有影响力的代表著作有两部：一是1995年山东教育出版社出版的、由戚万学教授所著的《冲突与整合——20世纪西方道德教育理论》。该书从思想渊源、理论体系和基本评价等视角，整体性地研究杜威道德教育思想，具有一定的开创性。另一是2003年浙江教育出版社出版的、由王承绪先生等翻译的《道德教育原理》。全书收集杜威关于道德教育问题的论述24篇，为杜威道德教育思想的研究提供了一个比较基础和相对集中的原著资料。

### 二、杜威道德教育思想合理因素的现实启示与有益借鉴

历史是一个流动的、连续的过程，而道德教育的发展也是一个流

动的、连续的过程。除了要受到社会经济、政治、文化等发展程度的影响外,道德教育还有赖于一代代教育家对教育发展的经验和传统的扬弃。道德教育作为一种社会活动是随着社会历史的发展变化而不断继承和创新的。应该说,每个国家和民族都有着自己独特的历史发展过程、文化演变路径和社会现实状况,因而也就会产生其特有的、富有民族特色的道德教育。不同的道德教育在理念、内容、方法、途径等方面有着不同的特点和经验,也有着自己的偏颇和不足,唯有互相学习、相互交流、彼此借鉴、扬长避短,才能使道德教育在继承、交融、借鉴中有更大的改革、更大的发展、更大的创新、更大的进步。我国的道德教育是在中国共产党领导下的社会主义道德教育,在马克思主义和中国特色社会主义理论体系的指导下,我们不仅要继承中华民族优良道德传统、中国革命道德传统,还应主动地去批判吸收人类道德文明中一切对我们有益的东西。唯有紧跟时代的发展,与时俱进地创新,我们的道德教育及其科学理论才能更完善,也更有利于中国特色社会主义事业的和谐发展。

当代中国的道德和道德教育既要超越中国传统的道德和道德教育、超越西方的道德和道德教育,又必须是在当代经济全球化和我国具体历史文化背景下进行的。因此,在经历了从“独白式”道德教育向“问诊式”道德教育的转变之后,中国的道德教育现在和未来的发展方向或趋势,应当是朝“对话式”道德教育进而“参与式”道德教育的迈进。在这个过程中,道德教育的发展和进步特别应当体现在把受教育者与教育者都作为道德教育过程中平等的主体,并且坚持道德教育的原则、目标、内容、方法、手段、载体等的确定和选择更多的是通过道德教育工作者与受教育者之间等道德教育内部不同或相同主体间的“对话”而实现的。我们要深入思考,在当今时代,道德教育如何真正发挥对包括学生在内的社会成员的道德培养、道德提升的作用,道德教育如何真正提高人的思想品格、完善人的生命历程，以及如何改善人的生活、学习环境，促进个体和社会在道德上的进步。

关于杜威的道德教育思想，本书前面已有比较全面、系统的阐述，从中可以看出，他对道德教育的一大创新，就是重视受教育者的地位、注重把握受教育者的已有经验和经验能力。① 不仅如此，他提出的“教育即生活、教育即生长、教育即经验的改组与改造”等观点都具有很大的前瞻性，对当时的美国教育和现处于转型期的中国教育都有重要的借鉴意义；他的以实用主义哲学为基础和依据的道德教育思想比传统的道德教育思想更重视实践、追求实用、尊重儿童个性等基本特征，对我国当今的道德教育也有很好的参考价值。结合我国当今实际，在科学借鉴杜威道德教育思想的基础上，我们的道德教育应当努力做到使道德教育的目标回归现实的个人、道德教育的原则关怀鲜活的生命、道德教育的内容渗透优秀的文化、道德教育的方法反映多彩的生活，等等。

大体说来，可将以“道德的教育”培养“道德的人”视为杜威道德教育思想的核心。在杜威看来，所谓“道德的人”，就是民主社会中的“有用的好人”；所谓“道德的教育”，就是培养个体具备较强的有效参与社会生活、社会实践的多方面能力的教育，是承担学校对社会所应当承担的社会责任的教育。结合当今形势的发展和我国道德教育的实际，杜威道德教育思想对我国道德教育思想的现实启示和有益借鉴是多方面的，主要包括：应在“充分承担各种社会关系所赋予的责任”的意义上重新阐释“道德人”概念；在“德育即教育的道德维度”的意义上对既有的道德教育或德育实体性概念进行深入分析与科学重构；将“德育首位”看作“将教育的社会属性放在学校教育规划的首位”，

---

① 赵桂英：《杜威德育方法融入思想政治教育工作的路径探讨》，《工会论坛》2012 年第 7 期。

将“学科德育”理解为“通过学科教学增强学生理解和参与社会生活的能力、智慧和情感”,等等,从而在整体上、根本上反思学校教育的德性基础。同时,杜威的道德教育思想也在某种意义上提示了我国道德教育或德育实践变革的学校教育整体德性完善的基本路径。

### 1. 道德教育的目标——回归个人

马克思说过:“蜜蜂建筑蜂房的本领使人间的许多建筑师感到惭愧。但是,最蹩脚的建筑师从一开始就比最灵巧的蜜蜂高明的地方,是他在用蜂蜡建筑蜂房以前,已经在自己的头脑中把它建成了。劳动过程结束时得到的结果,在这个过程开始时就已经在劳动者的表象中存在着,即已经观念地存在着。”①道德教育作为一种社会实践活动,其目标或目的的确定有着重要的意义。

杜威虽然是一个反传统的、与众不同的教育家、哲学家,但他对于在他之前的赫尔巴特所提出的关于教育目的的观点还是赞同的,即“一切教育的最终目的是形成道德”。杜威指出,教育即生长。教育是解放个体的一种有效途径,教育是个体自身的一种生活需要,教育是帮助个体朝着恰当的个人和社会目的持续不断地生长的基本路径。生长不是抽象而虚无的事情,生长是具体而实在的事情;生长也不是某一些人所特有的生活的过程,而是每个人每天所面对的生活的过程。道德教育的目的是教育活动所预期实现的结果,它既是一种价值期待,又是一种行动指南。要确定作为行动指南的道德教育或德育目的,就主要应当从以下两点着手。

(1)道德理想应当贴近现实,培养德性崇高、行为合理的独立人格

首先,在我国教育系统中,尽管学校的类型、学段的划分、学制

① 《马克思恩格斯全集》(第32卷),人民出版社1972年版,第202页。

的长短等不同，各级各类学校学生的思想品德发展方面的要求和水平也不完全一样，但对他们的道德教育或德育是朝着相同的方向发展的，并且总的目标也应该是一致的，即培养有理想、有道德、有文化、有纪律的社会主义“四有”新人，或者说培养中国特色社会主义的建设者和接班人。这样的道德教育或德育的总的培养目标具有明显的统一性，它统摄着各种具体的目标。其次，道德教育或德育的总的培养目标作为一个目标，无疑要着眼于未来，要反映社会发展对于未来新人在思想品德方面的期望和要求，要高于学生的现实思想道德水平，具有一定的超越性。第三，道德教育是培养人的思想品德的教育，它要使人能够正确处理社会生活中的各种关系，理所当然地要为现实服务，具有突出的实践性。这就要求德育总目标应积极适应现实社会和德育对象对品德的要求，并充分有效地发挥其现实功能。①

由上可知，道德教育或德育的目标的设定应当是一致性、超越性和实践性的结合或综合。至高至善的道德教育或德育目标体现的是一种理想主义的目标，而理想是有超越现实的一面的。但理想超越现实并不等于脱离现实。应当说，道德理想既源于现实、高于现实，但同时也在关照现实、贴近现实、不能够脱离现实。否则，道德理想就成了空想或幻想。事实上，在现实生活中，任何人都不可能是完美的，无论是性别差异、年龄差异还是知识水平差异，等等，人与人之间总是有差异、有区别的。如此统一的、“完美的”道德教育或德育目标如果教育不当就可能显得有些可望而不可即，而真实的道德教育却反而可能沦为对学生施以简单的道德规范、行为准则等条目的灌输。如杜威所言，在道德领域，目的与手段应该并重。作为面向广大学生的道德教

① 冯文全：《道德教育原理》，北京师范大学出版社 2013 年版，第 80 页。

育，它应有更基础、更现实的培养目标和价值取向，那种在道德教育或德育中把理想和现实割裂开来的想法和做法不仅是无益、无效的，而且有可能适得其反。

另外，道德教育也不只是片面地对学生某些善良准则的培养，更不是简单地要求学生对准则与规范的识记与背诵。在前面已经反复提到过杜威的观点，即道德教育的目的在于形成品格。他认为，人的自由的行动是其品格的表现，是通过实际经验获得的。所谓形成品格，是要兼具道德判断的能力与行动的力量。结合我国实际来说，无论是培养社会主义的“四有”新人，还是要求人们德智体美劳等方面全面发展，实际上都是对人的思想品行的培养，是所有的教育共同的目标。例如，就德育和智育的关系来说，不能将德育等同于智育，若仅用智育的方法实施德育，德育的目的就容易沦为功利的、死板的、没有人情味儿的死记硬背；当然，也不能将德育与智育完全割裂开，因为智育的最终目的其实就是培养全面的人、培养有德行的人，从广义上来说，智育也是德育的一部分。应当将道德教育真正落实到人的身上，使人获得真正的身心的统一，兼具道德认知与道德行为习惯，有道德自觉性，并且在生活、工作中面临的道德问题上能真正具有独立的、合理的道德判断能力。道德教育以这样的比较求实的道德目标为宗旨，也许才能真正发挥其作用。

正因为现实生活是不完美的，所以，我们对未来抱有完美的期盼。但我们若要更多地接近完美，除了美好的愿望之外，还得有脚踏实地的行动。道德教育或德育目标的设定也是如此。杜威对儿童的主体地位的肯定，正是想让道德教育的目的不再如天边明月那么遥远。实践证明，只有真正从受教育者的实际、从人的角度出发确定教育的目标或目的，才能引导学生真正培养出德性崇高、行为合理的独立人格。

(2)道德教育目标应当与时俱进,引导个人与社会的和谐发展与共同进步

在道德教育具体目标的设定上,无论是培养有德行的人格、培养公民品格,抑或是培养能适应社会的人,杜威道德教育思想时时体现着个人与社会的统一。不仅如此,他还批评将学校与社会隔离开来谈道德教育的观点,强调学校也是社会机构之一,所有教育的终极目的都是为社会培养合格的公民,让社会获得更大的发展与进步。尽管杜威提出这些看法的思想背景是资本主义社会,他要做的其实也是从教育的角度为资本主义社会添砖加瓦,但他的思想中所体现的对每个人社会责任感的培养的要求是值得肯定的。

众所周知,过去一段时间,我们的道德教育大体是以"奉献型伦理"为基础、以集体主义原则为基本内容的,就是在今天,在道德教育中,这些基本内容也还是要坚持传授的。问题是我们在向受教育者传授这些内容时有时不够全面、区分层次不清、讲理不够透彻、方法比较简单,因此,给人们一个印象,似乎道德教育的目标就是向受教育者灌输"无私""忘我"的道德理念,亦即使受教育者明确所谓"好人"的标准就是毫无私心地为社会、集体作奉献,善与恶的界限就是公与私的界限。因而,道德教育就是以无私之德来塑造个体勇于自我牺牲的道德品格。这种道德教育目标的实现必然是以贬抑个体的自我为前提的,故而有学者又将此称为"无我"的道德教育。①

这种以"公而忘私""大公无私"作为核心观念的是"社会本位"的道德教育目标。一般来说,在社会主义社会,在道德教育上是比较强调以社会为本、以集体为重的,这是由社会主义的经济、政治、文化等所决定的,这在今天从总体上看仍然是无可非议的,但应当把握好度,

① 金生鈜:《质疑建国以来的道德教育规训》,《教育理论与实践》2001 年第 8 期。

道德教育目标应当与时俱进,注重引导个人与社会的和谐发展与共同进步。如果在道德教育中没有恰如其分地说明这个问题、对待这个问题,而是简单地将其推向一个完全无视个人的存在的极端,忽视学生个性的发展,这可能就过犹不及,超越或脱离了现实的社会生活和历史条件。在这种情况下,也许就正如杜威所指出的那样,人们往往是在承认这一崇高理想喊几句口号表示赞同之后,却各自按照现实条件能实现的状况去行事了。改革开放以来,随着社会主义市场经济的发展和社会各方面改革的推进,竞争已日益成为社会生活中的常态,同时也日益成为每个社会成员的一种生活方式。由此一些人在社会中某种程度的“利己”似乎已成为一种客观的现象,在某种条件下这种现象还得到了一定程度的蔓延,这是我们今天在道德教育中必须面对而不能回避的事实,就看我们如何从理论与实践的结合上把这些问题说清楚。而我们在道德教育中如果还像过去曾经的一段时间那样简单地、没有说服力地把利己视为“万恶之源”,简单地、没有说服力地把无条件的奉献作为道德人格目标,那么,实际上,这种比较贬抑自我的道德教育目标要么完全脱离了现实、对人的生活没有任何帮助,要么导致的是普遍的虚伪,因为强制性道德规范和奖惩等往往迫使个人进行道德伪装、虚饰,结果必然是人在生活中道貌岸然,虚伪不实。①

### 2. 道德教育的原则——关怀生命

在我国,高校是对大学生进行道德教育或德育的主阵地,肩负着为党和国家培养中国特色社会主义合格建设者和可靠接班人的重任。然而,上世纪 90 年代以来,大学生群体在社会公众中的形象发生了一些变化,与过去相比表现出一定的反差,大致呈现出三个轨迹:第一,

---

① 刘炳元:《当代道德教育的价值危机与真实回归》,北京师范大学出版社 2011 年版,第 97 页。

从人们眼中的社会精英到普通大众的转变;第二,从比较注重精神追求到向享乐主义、消费主义倾向的转变;第三,从追求道德上的自我完善到遭遇某种程度的诚信危机。究其原因,是因为处于多元文化的背景下,处于社会转型的时期,大学生面对纷繁复杂的社会现实而产生了一些思想道德困惑以及传统道德教育效果不佳所导致的道德人格的一定的落差。我们的道德教育比较缺少针对受教育者的心理特点、情感需要和发展需求来进行的有效的教育方式。对于受教育者的心理困惑、情感需要和发展需求,学校教育和家庭教育也缺少应有的关怀。

在杜威看来,"儿童是一个人,如果他不能作为一个完整的、统一的人过他的社会生活,就必然要受到损失,产生摩擦",因为"儿童在智力上、社会性上、道德上和身体上是一个有机的整体"。同样,人的德性结构也是一个要素相互关联、内容比较丰富的整体性、综合性的结构,这种整体性、综合性不仅表现在德性的整体性、综合性与社会的整体性、综合性,与生活的整体性、综合性,与环境的整体性、综合性的全面关联,还表现在德性与德行、德性与规范、德性与准则、德性的知性之维与情感之维、德性的理论之维与实践之维的整体统一。在当今时代,道德教育是为培养和提高受教育者思想道德素质而进行的教育,其价值必须通过人的生命来体现。生命是所有德育活动的基石和载体,德育工作必须关注人的生命,这样才能真正实现"以人为本"。①所以,道德教育的一个重要甚至首要的原则,应当关注受教育者个体的生命存在、生命体验、生命价值及生命的整体性、综合性,将受教育者视为"完整的人",而不是分裂的人。在道德教育中,要将受教育者德性的内容结构与形式结构整合起来,既重视教育内容是否得到科学

① 中共北京市委教育工作委员会:《德育漫谈》,北京交通大学出版社 2012 年版,第 24 页。

的传输、是否能提升人的精神世界,也重视教育形式是否能对受教育者的主观能动性产生激发与引导,而不是简单、硬性的“灌输”。只有始终坚持并遵循这些原则,道德教育才能取得好的效果。

(1)道德教育的教育原则:关注的重点是“教的如何”,道德教育能否提升人的精神境界

道德教育的原则在一定意义上也就是道德教育的评价标准。杜威曾说过,“道德的目的在一切教学中,不论什么课题,它都处于普遍的和统治的地位”。这句话充分体现了道德是教育教学的最终的目的,而道德教育的首要原则更应当是它的教育教学的首要原则。在实施独白式道德教育时期,我们对于道德教育或德育“教的如何”的评价曾经仅局限于对马列主义、毛泽东思想一些基本原理、基本观点的识记与掌握程度的考察,而那时高校道德教育或德育的主要任务也就是把马列主义、毛泽东思想以及革命战争中形成的优良革命传统和社会主义新道德灌输到大学生的头脑当中。上世纪 80 年代末以来,问诊式道德教育的兴起与实施,标志着高校道德教育或德育从给大学生“教什么”向“怎么教”的转变,重点关注高校社会主义精神文明建设和校园稳定、社会稳定的问题。而新的道德教育或德育应当是对原有道德教育的扬弃和在原有道德教育基础上的创新。新的道德教育或德育更加重视对其内容的把握,从一定意义上说,不管“教什么”,也不管“怎么教”,最终“教出好效果”才是道德教育或德育的成功。但这并不是什么“唯德育主义”、“唯效果主义”,而是力求真正做到以人为本,真正提升人的精神境界,实现人的全面发展。

(2)道德教育的指导原则:摒弃简单化的“灌输”,重在对受教育者主观能动性的激发与引导

应当说,道德教育的原则本身对道德教育也具有指导意义。杜威指出:“从广义和最后的意义上来讲,一切制度都是有教育作用的,这

就是说,它们在形成构成一个具体人格的态度、性情、才能与无能等方面是起着一定的作用的。……家庭与学校的主要职责就是直接影响情绪上、理智上和道德上态度与性情的形成与成长。所以,这个教育过程在主导的方面是以民主的或非民主的方式进行的,就成为一个特别重要的问题了。"杜威在这里提出了道德教育中的民主的问题,值得我们注意。所谓道德教育中的民主,是指在道德教育或德育的过程中,从学生的实际出发,尊重学生的人格和价值,尊重学生的参与权和选择权,在教育者与被教育者之间形成平等、民主的地位和良好、和谐的氛围,旨在培养学生在现实的道德生活中自主分析、自主选择、自我评价、自我激励、自我约束、自我训练等方面能力的一系列的育人理念、育人方式和具体做法。简单化地理解和运用"灌输"的原则,无疑是与民主、平等的原则和精神背道而驰的。

我们知道,杜威道德教育的一个原则就是反对简单化的"灌输",注重受教育者的主观能动性与实践经验。他强调要尊重学生的天性和本能,要通过科学的引导和培养让学生获得道德判断的能力,而不是通过简单化的"灌输"来禁锢学生的头脑。而我们现有的道德教育原则虽然经过完善已经具有一些针对性了,但在具体实施过程中,有些教育者仍然习惯于"大道理""道德规范"等的独白。虽然他们"独白"的内容是一些科学的辩证的道理,但对于不同年龄、不同知识结构、不同成长阅历、不同生活环境、不同智力水平、不同性格的人集体进行这种大包大揽式的教育,难免会有严重的片面性,难免导致泯灭不同的受教育者个性的问题。在这种情形下,即便是正确的道德教育也可能效果不太好,甚至可能蜕变成某种纯粹职能型工具。

道德就其本质来说是人的一种存在方式,道德教育应当承担引领人走向人之为人的美好生活实践的重要使命。过去一个时期,在道德教育中,我们总习惯地用比较理想化的道德去规定每个学生该想什么该做什么,而有些好高骛远的道德目标反而让学生无所适从,使得有些学生干脆就什么也不听、各行其是、各行其道。这种状况正在逐步改变。因此,在我们今天的道德教育或德育过程中,就要做到坚持以人为本,以学生为本,对学生在道德教育中的主体地位应当明确,对学生的主体人格、主体需要、主体情感和个性自由应当尊重。不应该就道德教育谈道德教育,而要把道德教育与学生的尊严、自由、幸福和终极价值追求等联系起来,激发并引导他们在道德教育过程中的主观能动性,使他们在社会生活中、在成长过程中活得更有价值、更有意义。在这方面,杜威提供了一种新的理解方式。比如,他强调在社会生活、社会实践的具体情境中去认识道德、理解道德,主张把道德看作是个体解决其在生活中面临的一些具体问题所需要的社会知识、社会情感、社会行动能力的"合金",认为转型中的民主社会所需要的真正意义上的好人、有道德的人,应该是能够充分把握并努力承担各种社会关系所赋予的社会责任的人,是"有用的好人"。显然,杜威这里所说的"好人""有道德的人""有用的好人",都是有其特定含义的。这种理解方式,沟通了教育与社会、教育与道德、知识与道德之间的多重联系,使道德普遍地蕴含于个体的全部社会活动、社会实践之中,也有助于使"有道德的人"赢得其应有的尊严和人们的尊重。这些思想,对我们也是有一定启发的。

### 3. 道德教育的模式——彰显理性

作为一个实用主义哲学家,杜威对理性在道德教育中的重要作用心知肚明,因此,他特别强调理性的作用,建议对以往以普遍原则套用具体事件和具体行为的方法加以改变,对具体事件和具体行为的特殊性要运用理智来判断。

首先,杜威认为,科学精神和科学方法是理智的重要内容。科学精神是社会成员在社会生活中经过反复探索所共同认可、共同拥有的一种价值观,科学方法是人们在社会生活中解决、处理各种问题的方式和手段。在社会生活中,一个人如果没有或者缺乏科学的精神和方法,他就不能进行科学的判断、有效的思考和正确的行动,就不能很好地为人类社会服务。科学的精神和方法是唯一能保证公民的行动在不断改变的社会中、不断变化的实践中理智地应付一切困难和问题的精神和方法。而科学的精神和方法会在一个人的科学态度上集中地表现出来。为此,杜威指出了人们在日常的道德生活中应该培养的虚心、知识的诚实和责任心这三种理性的科学态度。杜威对这里所讲的虚心的理解是:"凡求真理时,无论与成见或我见相符与否,也无论于我有利与否,只要是真理,便领受他。这才是所谓虚心。"这种虚心是去掉了成见、我见和自利观念的虚心,它与引导人们道德上养成容纳反对的意见和观点的习惯有很大的关系。杜威所说的知识的诚实是指承认事实的价值,就是说,面对一个事实或问题,如果你错了,你就必须承认,而如果你的敌人对了,你也必须承认,不要事实或问题如此,我见如彼,一味颠倒是非。杜威所说的责任心主要有两种意思:第一,做事要靠得住,不马虎不耽误;第二,无论事情的结果如何,利害难易如何,你既然已经答应要做了,那就要自己担负所做事情的结果的责任。

其次,杜威非常注重理智方法的培养。他认为,理智方法是人们在社会生活、社会实践中解决问题、解答疑难的有效方法,它主要包括反思的方法、科学试验的方法和民主主义的方法。所谓反思的方法,就是个体根据自己所掌握的理论和知识对某个问题进行不断的、反复的、持续的思考,力图寻求问题得到解决的一种思维方法。因为反思不仅使个体的认识能够更加深入、行动具有自觉的目的,而且还能使个体在做事之前有仔细的考虑、充分的准备,使解决问题的方向和所做事情的意义更加清晰、更加明确。所谓科学试验的方法，就是用自然科学的方法来解决道德问题，是通过一些有序和有规律的试验来检验结果的。在这个试验过程中，个体的观念和知识起着指导作用，如果没有或缺乏个体的观念和知识作指导，这个试验就是杂乱无章的。因此，在将这种方法应用于道德教育领域时，个体就必须注意克服主观的随意和盲动，不可泛用或乱用。在道德教育领域运用科学试验法的意义主要表现为：其一，可以运用科学试验法去检验社会发展过程中遗留下来的道德规范是否适应当前社会发展的需要；其二，科学试验法的运用和介入使道德的原则、标准和信条不再是一成不变的，而是不断发展变化的；其三，科学试验法的运用有利于铲除道德主观主义的根源。杜威认为，还有一种理智方法就是民主主义的方法，因为真正的民主主义应当是建立在"理智"的基础之上的。理智的民主主义方法作为一种生活方式，它便要求一个社会中的所有成年成员都自由地参与确定规范其生活的社会价值。

(1)"活动—体验式"道德教育模式

杜威指出，传统教育的失败首先在于只是把学校当做传授知识、学习僵死的课业和培养某些固定习惯的场所，却忽视了学校是社会生活的一种形式。不仅如此，在传统教育背景下，校内外宛如两个世界，儿童与成人的行为有两套伦理标准。而对于儿童来说，对他们所教授的内容不仅仅是僵硬固化，还与他们长大后将面临的生活与社会不相符合。无论他们能否接受，在学校所学的东西并不能成为他们生活经验的一部分，也并不能提高他们的道德修养，反而成为他们道德训练的障碍。在他看来，要促进儿童的道德成长，就要让学校生活成为社会生活的一部分，着实解决儿童成长过程中面临的各种实际问题，要使他们在参与社会生活中形成自己的道德判断力。杜威认为，教师的责任就在于，要在教学活动中设置一些道德情境，让儿童去面对一些道德两难问题，加深他们的体验、激发他们的思考；学校应该作为儿童道德发展实验室，给予儿童正当的行为动机和道德行为判断标准，使得他们在集体生活中受到适当的刺激和控制。应当注意的是，校内外统一的伦理标准，并非是指以成人的标准要求尚在成长中的儿童，而是强调要将儿童当成一个独立的个体，他们必须学会像一个整体的人那样去过他们的社会生活，他们必须在社会生活中遵守相应的伦理道德规范。

（2）"学校—家庭—社会"三位一体的道德教育模式

杜威认为，学校生活、教法和教材本身并不是与道德无关的或者纯粹的业务内容，也不是相互隔离没有什么联系的，而是蕴藏着丰富的道德教育资源和内容，并且这些资源和内容之间也是密切联系且不可分离的。可以说，它们是学校开展道德教育可以直接加以利用的三位一体的教育"资源"，这些是学校道德教育中富有特色的"资源"。在杜威看来，在民主社会，学校道德教育不能孤立进行，其重要性应当凸显出来，它必须在学校一切教学工作中处于"普遍的和统治的地位"。因此，他强调学校各个学科、各门课程都需要重视道德教育、加强道德教育，科任教师也需要有道德教育意识和道德教育责任，在道德教育中，要注重挖掘、提炼、运用学科教学中蕴涵的道德教育资源及其道德教育价值。这些思想或看法都是很有道理的。在我国，高校虽然都开设有专门的德育课程，但时至今日，有些高校的德育工作仍基本上简单采取德育课程"单打一"的方式，而忽略了通过相关的、间接的学科进行德育或道德渗透教育的重要性必要性。因此，我们需要在这一方面作出更多的改进。高校应将道德教育或德育的范围从德育课程扩大到学校生活、专业课程等学校的一切教育教学活动。高校应重视学科、专业和课程的道德教育或德育的渗透，强化学科、专业和课程教学的道德教育或德育的意识，将高校德育工作贯穿于学校各个学科、专业和课程的教育教学实践中。高校各个学科、专业和课程的教师都应该在教育教学实践中有意识地、有技巧地发掘相关的道德教育或德育的资源，在教育教学的过程中潜移默化地促进大学生良好道德的形成、发展和完善。特别要注意的是，学生在道德上的成长和进步是学校、家庭、社会等多方面因素共同促成的，对学生的道德教育不能仅仅限于学校内部，学校还要重视加强与学生家庭、与社会各方面的联系，着力构建“学校—家庭—社会”三位一体的道德教育模式，形成对大学生进行道德教育的整体合力。

**4. 道德教育的内容——文化渗透**

在道德教育中，内容的选择和确定是一个非常重要的问题。一方面，个人是时代的产儿，思想是时代的反映。杜威自己也说：“我有时看上去似乎是一个‘哲学家’，我倒觉得自己更多的是一个‘美国佬’。”①当时，美国正处于社会转型时期，在继承和发展欧洲的哲学、伦理、文化、教育基础上产生的美国本土社会，为杜威教育思想包括道德教育思想的形成提供了广阔的土壤和坚实的根基。另一方面，杜威的教育思想包括道德教育思想之所以对美国社会产生了深远影响，正是因为这种思想是以美国的社会现实为基础、为素材的，它产生于美国社会，同时也服务于美国社会。它从一个侧面反映了和展示了美国本土文化的发展方向与基本脉络。由此可知，教育只有真正了解自己的本土文化、扎根于民族文化、反映出本民族的精神，才能为人们所重视，为人们所发展，并进而在世界各国、各民族的文化之林中发出自己的声音，在全球更大范围内得到认可。事实上，真正先进的教育绝不仅仅出自于某一个教育家的思想或某一种单纯的因素，而一定是由一

① Sidney Hook:《John Dewey 2nded》,《New York:Prom etheus Booksl》,1995 年版，第4页。

个国家的政治、经济、历史、文化及其对国外教育合理成分的积极借鉴等多方面形成的综合因素来共同决定的。

所谓让道德教育的内容能渗透文化，是指道德教育要以深厚的社会文化为基础，与中华民族优秀传统文化相承接、与社会主义先进文化建设相统一、与人类文明优秀成果相协调。道德是一种精神文化现象和精神文化存在，道德教育应当具有一定的精神文化价值与精神文化力量。作为文化的道德教育内容还应当具有一定的方法论的意义，即以沟通、理解、对话为其主要形式。在新时期，道德教育要努力获得一种与现实相联系的文化内涵，一种时代的理性与人本精神，就要融入当代中国先进文化的建设过程中，更要致力于推动当代中国先进文化的建设。特别是要从道德教育这个维度，或者说要通过有丰富文化内涵的道德教育，增强包括学生在内的广大社会成员的文化自信。

(1)探索思想品德形成规律，使道德教育内容及标准合乎理性

在谈到经验世界的连续性时，杜威指出，传统社会中人们否定道德经验的连续性是因为他们认为伦理判断是“以超经验的概念为基础和说明原则的”，是“直接的和直觉的”。“普通思想中有这样一种见解，认为科学判断依靠理性，而道德评价是从一个分割的官能，良心，出发的；而后者有它自己的标准和方法，不为理智的监督所更改。”对此，杜威提出了自己的疑问：“凭借一种理智的技巧企图去控制道德判断，就破坏了或在任何方式下减少了特有的伦理价值，这是真的吗？”答案当然是否定的。他指出了所谓科学判断与伦理判断所具有的共同的逻辑特点：“(1)涉及个别的事例；(2)涉及行动”，并且“个别化了的伦理判断为了便于为人所控制，要求要有一般命题，因为这种一般命题是在一般的客观的形式之下来陈述有关条件之间的联系的”。由此，杜威认为，“如果把伦理判断变得像另一种不同的逻辑类型的判断，即所谓科学的判断一样，在这里并没有什么排除伦理判断所特有

的性质的问题”。也就是说，道德教育的内容并不应该是远在天边、可望而不可即的星辰，而应是实实在在的、理性的内容。要让受教育者真正获得道德的进步，就要寻找适合其学习规律的教育内容与教育方法。

一般地说，在社会生活和社会实践中形成的人的心理是品德形成的发端，是品德发展的动力，也是品德形成的条件，人的品德的形成是从知、情、意、信、行这几个心理过程的基本要素的运动变化开始的。在一定的社会环境、社会实践的影响下，人的心理各要素彼此影响、相互作用、循环往复、螺旋上升，从而形成比较持久、相对稳定的心理特征、思想倾向与行为习惯。这是人的主观能动性与社会实践的相互作用，也是内在转化与外部制约的有机统一。今天，在道德教育或德育中，我们所讲的理性与杜威所讲的理性无疑是有区别的，我们所讲的理性应当是对道德教育客观规律的正确反映和自觉把握。只有赋予理性科学的内涵并对其作出科学的解读，正确了解社会转型时期人的心理特点、人的品德形成的特点，积极探索人的思想品德形成规律，让道德教育具有实实在在的符合理性的、能激发人的主观能动性的内容，才能真正帮助受教育者形成社会所需要的良好的品德，培养出适应时代发展要求的高尚的人格。这样的道德教育或德育才能传播时代的理性呼唤，才能符合新时期、新时代的中国特色社会主义实践对先进文化的要求。

(2)坚持内容与形式相统一，重视在实践与互动中“对话”

应该说，任何事物的形式和内容都是不可分的，一定的内容总是与一定的形式相联系并寓于一定的形式之中，而一定的形式总是离不开一定的内容而要具体表现为某种内容的形式。道德教育并不例外，其形式和内容也是紧密相联、不可分的，杜威认为，对内容与形式的二元划分是十分荒谬、毫无意义的。他强调道德教育的实质是内容与形式的统一,强调内容与形式相统一,强调教育过程中受教育者的实践与互动,而不能仅局限于单方面、单方向的"品格教育",认为这样才能培养人的道德习惯。

那种仅以道德知识的传授与学习为特征的道德教育或德育曾经片面强调道德的内容结构,而忽视了道德的形式结构。事实上,我国的道德教育或德育虽然在这方面已经进行了不少的改革,但当前一些地方、一些学校的道德教育或德育在这方面的倾向还比较严重。其实,对道德知识的传授是需要通过或借助于一定的形式的,否则,若只强调、重视对道德知识的识记与理解,而忽视通过或借助一定的形式来达到这一点,不注意通过或借助一定的方式去了解在这一过程中个体的思想变化和内心体验,就往往会导致个体对在道德教育中所灌输的那些识记内容的某种程度的逆反与抗拒。而那种津津乐道于学生记住了什么、记住了多少而不太关注学生情绪的变化、不够关注学生收获的大小,甚至怎样"备受折磨"的识记过程的教育本身,也许就是不怎么讲道德的教育。

在道德教育中,通过"对话"来理解其内容也是很重要的。事实上,不仅教育者与受教育者需要"对话",理论与实践也需要"对话"。"对话"既是一种实践也是一种活动。通过对话,通过实践与活动,道德教育可以更好地被受教育者所认同、所接受。理论是对实践的高度概括和总结提炼,是高于实践、指导实践的,然而任何理论都又是来源于实践,并在实践中真正发挥作用、获得验证、实现价值的。脱离了现实生活、社会实践,夸夸其谈、纸上谈兵的教育是不能真正发挥作用的。我国当前的道德教育的内容要以中国的社会现实、中国人民的现实生活为依据,要敢于在实践中探索与辨别,对蜂拥而至的社会思潮和大众传媒的海量信息有所取舍和扬弃,甄别出优良的道德教育或德育文化内容,才能真正提升全民素质与道德水准。

(3)道德教育内容回归文化,发挥文化渗透的作用

杜威将道德教育分为直接道德教育与间接道德教育。他指出,从根本上说,将通过教育对道德成长的整个领域进行考虑,直接道德教育的影响即或是最好的,总是相对地在数量上比较小、在影响上比较轻微的。因此,实际生活中的所有机构、手段和资料,这个更大的、间接的和重要的道德教育领域,对人格的成长更有实际意义。

当前,中国的道德教育或德育呈现出两个比较明显的趋向,一方面是对人文教化功能某种程度的淡化,另一方面是道德教育的专门化。人是道德的存在,教育是人的教育,教育从来都不可能也无法真正舍弃价值和道德问题。而又因现实中道德问题日益增多,专门化的道德教育又无处不在。这样一来,道德教育以外的其他课程的教学活动似乎就可以放下道德教育这一“沉重心理包袱”,“理直气壮”“专心致志”地致力于自己的“事业”了。这使得一些学校学生的课程繁多、课业加重,同时道德教育或德育的效果亦不佳。要取得好的道德教育或德育的效果,就要发挥间接道德教育的巨大作用。

间接道德教育的一大特点就是渗透。所谓渗透,就是在经济工作、文化工作、管理工作等各方面工作乃至日常生活中将道德教育的内容融入进去,在学科、专业、课程的传授和学习中将道德教育的内容融入进去,结合各项具体工作和人们思想道德的实际来进行。文化既是一定时代、一定社会的产物,又是一个连续不断、接续发展的动态过程,其发展与人的社会实践活动紧密相关。社会主义精神文明建设所需要的就是将道德教育的内容融入文化之中、赋予文化的力量,并影响到、普及到每个人。文化具有多种形式,因此,它对人的影响更加全面,还具有“润物细无声”的渗透性和作用力。因此,在道德教育中,应当充分发掘、利用既成文化产品中的道德教育因素,同时又将道德教育的内容渗透到文化建设中去,通过文化建设感染人、教育人。这样,

道德教育的内容与形式都会更加丰富,效果也会更好。

### 5. 道德教育的方法——关注生活

德育必须扎根于社会生活的土壤。① 学校安排、设计的道德教育或德育的"主渠道"当然是必要的,必须继续坚持和不断完善,但如果理解不妥、操作不当,客观上就使得道德教育或德育有可能被"挤"到一个狭小而有限的时空。我们在现实生活中不难看到,在一些学校实施道德教育或德育的过程中,经常出现只重视道德教育或德育知识的传授,而忽略在社会生活真实背景下的道德行为的养成和道德情感的提升,忽视道德践行,有时甚至空谈道德的现象。如果道德知识的传授与真实的社会生活相脱离,学生必然缺乏实践的感性生活,只会死背某些教条。这样所造成的必然结果就是,学生接受的是道德教育或德育课程的知识,目的是为了对付考试、评定,而真实的、丰富的社会生活的真谛可能被遮蔽。

作为实用主义大师,杜威的教育思想包括道德教育思想十分关注生活,他认为,"学校即社会""教育即生活"。他的学生、中国著名教育家陶行知先生也十分强调教育要关注生活。1934 年,陶行知先生就提出"认定生活即教育,将生活与教育打成一片"、"认定社会即学校,将学校与社会打成一片"。他把教育与社会进步结合起来,倡导教育救国思想。他主张教育与生活相结合,并在此基础上提出生活即教育的理论。在他看来,道德是现实的客观存在,是构成社会生活的基本要素,所以,人要在社会中正常地生活,就要过有道德的生活。没有道德,社会就无法正常运转,人就无法正常生存,生活也就不再是人类的生活。生活作为道德的"基础事实",实际上是和道德一体的,脱离了

---

① 冯建军:《"德育与生活"关系之再思考——兼论"德育就是生活德育"》,华中师范大学学报(人文社会科学版),2012 年第 4 期。

生活,道德也就成了无源之水、无本之木,成为僵死的和抽象的条文。因此,陶行知先生还提出了"德育的基础和源泉是生活"的观点。在他看来,道德与社会生活是统一的整体、是无法分割开来的。① 陶行知先生的这些思想是与他的老师杜威的道德教育思想一脉相承的。尽管时代不同了,但他的思想是具有一定前瞻性的,是符合新时代的生活教育的要求的。

就杜威公民道德教育理论而言,关注生活是其一个特点,这是我们应当注意的,但我们更应当注意的是,杜威公民道德思想的终极目的不仅是关注生活而且是要走进现实的道德生活,也可以说,关注生活的目的就是要走进现实的道德生活。杜威关于道德教育的许多探索、若干思考和基本观点都是围绕现实社会特别是道德生活中的一系列实际问题而逐步展开和不断延伸的,并最终落脚于解决现实社会特别是道德生活中的实际问题。他反对空洞的道德理想主义和道德教育说教,为此,他在《教育中的道德原理》一书中说道:"我们对道德律和道德规范信奉有加,然而它们是名副其实的道德,以至于它们与日常生活中的普通事物没有实际联系。这些道德原理必须用社会学的和心理学的字眼进行陈述,以期回到地面上。"杜威认为,教育与生活是分不开的或者说是融为一体的,所以,道德教育也是与生活分不开的,它必须在生活中进行。按他的说法,"教育是一种生活的方式,是一种行动的方式"。"道德教育的过程要面对实际的道德情境,培养理智的反省能力,解决实际的道德冲突,实际上就是融入现实的道德生活的过程。在这个意义上,道德教育与道德生活的过程是一致的。道德教育和道德生活一起开始、一起继续、一起终结。"根据教育与现实生活联系的密切程度,杜威把教育分为正式教育和非正式教育这两种

① 张威兴:《走向生活的学校德育》,上海教育出版社2012年版,第3页。

类型。正式教育是专门为促进个体成长而准备的、有组织的、有意识的和直接的、需要专门的机构来开展的一种学校教育；非正式教育是通过与他人共同生活而获得的、偶然的、无意识的和间接的、可以在广泛的领域内开展的教育。杜威认为，这两种类型的教育都是需要的，但相比较而言，后者比前者更加贴近现实的生活。因此，他倡导的是后一种教育类型，尤其在道德教育领域。事实上，个体在道德成长过程中经常会受到周边他人思想道德、价值观念、行为习惯和兴趣爱好等方面或多或少的影响，在这种天长日久、潜移默化的影响中，个体的性格和心理会受影响，个体的道德选择和道德信仰也会受影响。

与强调关注生活、走进现实的道德生活相联系，杜威还提出了道德生活中的理想与现实、自由与权威、原则与情境这三对矛盾。可以说，走出道德理想主义，走进现实的道德生活，这是杜威道德教育思想的基本主张。道德理想主义虽然有可能对人具有一定的引领作用，也可能使人变得崇高，但是，在杜威看来，没有这些高不可及的理想也并不是说人类就不再有道德理想了。“在传统的伦理学中，道德理想实质上是人们用来躲避现实道德困境，求得心灵安宁的一个手段。”理想与现实是有矛盾的，这对矛盾在道德教育上的进一步深化就表现为自由与权威的矛盾，因为如果在道德教育中寻求过高的道德理想，就会脱离现实生活、脱离人们的实际，这就必然会造成人们对权威的一些盲目服从，从而在某种程度上失去了个人“自由”。理想与现实的矛盾在实际生活中的展开还表现为原则与情境的矛盾。杜威认为，道德教育应该引导人们从崇高的道德理想中走出来，走进现实的社会生活、道德生活，也就是要求人们放弃那些脱离实际的、所谓普遍的道德原则，去关注和应对在日常生活中面对的、更加具体的道德情境。

(1)注重学校教育与家庭教育、社会教育的相互配合

在对学生的教育上，一般说来，教师的要求和家长的教育往往不

一样,学校的教育和社会的影响有时可能截然相反,这样使得我们的道德教育或德育工作可能被削弱,甚至被抵消,教师和学校的教育都可能事倍功半。这是多年来人们在道德教育或德育工作中经常产生的一个困惑,因为这种状况违背了道德教育或德育工作方法的一条重要要求,即教育的一致性要求。所谓教育方法的一致性,既包括纵向的时间方面的含义,更重要的是横向空间方面的含义。[①] 纵向的时间方面的含义是指,尽管社会在不断发展变化,但过去、现在、未来在教育上的一些基本要求应当一以贯之,不能朝令夕改、变化无常,使受教育者无所适从。这就需要我们有科学的教育教学大纲,使道德教育或德育工作有基本依据。实践的变化必然带来教育方法的变化,这样一来,变化就有了历史的连续性、符合历史的规律性,使得道德教育或德育工作逐步走上科学化、制度化的轨道。横向的空间方面的含义是指,校内外各方面即学校、家庭、社会对受教育者教育影响的一致性、整体性、协调性。校园内,道德教育或德育课程的专门化使得其他的课程似乎卸下了"德育的包袱",不注意自己所承担的道德教育或德育的责任;校园外,不一致的情况就更普遍:家庭教育与学校教育的不一致往往表现在对个体的影响上,而社会影响与学校教育的不一致则会产生更多不利的后果。我们要承认或者说不回避各种社会消极因素的存在。杜威一针见血地指出,学校也是一种社会机构,他其实就是要告诉人们,学校的责任并不是要给学生营造一个没有烦恼的乌托邦,而是要让学生获得适应社会、改造社会的本领。如果学校不停地向学生灌输理想化的道德世界,而当学生真正面临社会上不够道德的事情时,就可能不仅不知该如何应对,还会对学校所教的内容产生怀疑,甚至形成逆反心理。

---

① 孙学策:《德育需知》,现代教育出版社2012年版,第24页。

在我国,尽管历史上学校教育的传统不少,但基本传统主要是功利取向,其基本特征就是在相当程度上将个人功利置于社会道义之上,甚至以个人功利否定社会责任,以满足学生的功利追求为目标。这一点在“男儿欲遂平生志,六经勤向窗前读”的科举时代表现最为明显,而在当前的学校教育中仍然一定程度地存在。这与民主社会对学校教育的要求和对社会成员的要求都是相违背的。在民主社会,学校并非超然于社会之外的一个孤立实体,而是社会结构的一个有机组成部分,它承担着多方面的社会责任,而其主要的社会责任就是培养适应社会需要、促进社会发展的合格成员。在这种背景下,教育不仅成为社会的一项重要事业,而且成为社会的一项道德事业。在学校与社会的多重关系尤其是道德关系中,学校教育应该为民主社会的诞生和完善培养负责任的社会公民,这既是转型期社会发展对学校教育的基本道德规定,也应成为转型期学校对自身教育的应然角色定位。如果说,可以将历史上传统的教育称之为“功利教育”的话,那么,对这种新的学校教育则可以定义为“责任教育”,即与社会发展紧密相连的、培养社会发展所需要的负责任的公民的教育。责任教育具有重要的作用和特殊的功能,这突出地表现在,它不仅能够加强与社会的联系、反映社会变化的现实、适应社会发展的需要,并且能够促使它所培养的社会成员在将个人发展与社会发展相协调的过程中,更加充分地实现个性的发展和更加努力地创造人生的幸福。

负责任的公民必须具备民主素质,而学生民主素质的培养主要依靠学校管理根据社会需要和办学规律所进行的民主化改造。在当今时代,虽然无论社会的发展还是教育的改革都已经并正在继续深入推进,但毋庸讳言,仍然有一些学校的管理方式还在相当程度上停留于传统的权威主义管理模式。这种管理模式已经远远地落后于时代发展了,因为它既限制了学生的活动自由,也阻碍了学生的社会智慧、社会情感和社会能力的发展,不利于学生健全的社会责任意识的培养。对学校管理模式、管理体制进行科学的民主化改造势在必行,关于这个问题,许多人不仅在积极研究而且在探索实验。参照杜威的教育理论,依据学校生活的实际,作为一种系统工程,学校民主管理是不能独立于教学改革而进行的。学校民主管理的内容很多、范围较大,但可以大致分为教学的民主管理和学校生活的民主管理这两个方面。当教学依然行走在应试教育之轨、停留于传统模式时,是很难调动起学生内在的学习积极性的,教学的民主管理自然也是困难的甚至不可能的;而且,对于学生来讲,参与学校公共事务管理的一些活动,必然要占去一些自己用于学习、准备考试的时间,学生和家长能否真诚地支持民主管理都难说。因此,必须将学校管理模式的变革与学校教学方面的变革有机结合起来,整体推进,要通过前者的变革有利于后者的变革,也要通过后者的变革有助于前者的变革。在进行学校管理模式变革的同时,还要吸引家庭、社会的关心和支持。在学校教育问题上,在学生成长过程中,任何时候都离不开学校、家庭、社会的相互协调、相互配合。

(2)注重培养个人的道德判断力

道德教育作为一种社会活动,不仅仅是让受教育者掌握"诚实守信""助人为乐"这些道德准则这么简单。杜威说过,社会中每个人的身份都是复杂且多重的。比如,他会成为家庭中的一员承担着家庭责任,会是一名工作人员承担着有利于社会和为自己赢得自尊的责任,也会加入某个团体承担着为集体获得利益的责任……总之,生活是多样的,学习是无止境的。中国有句老话叫"授人以鱼,不如授人以渔"。掌握方法,能够举一反三,才能可持续发展,不断地进步。

道德教育属于上层建筑的范畴,是一种特殊的社会意识形态,它由社会存在所决定,也能反作用于社会存在。无论是家庭还是学校,都不能摆脱社会生活而单独存在,因此,道德教育也要时时关注社会生活、融入社会生活。真正具有高尚人格、具有高水平的道德的人,是能够在复杂多样的社会生活中独立进行道德判断、能够辨别是非的人。要取得这样的教育效果,要培养这样的人,道德教育在方法上就需要加以改进,密切联系实际、联系生活。为此,教师在道德教育中要跳出课堂或课本的束缚,注重实践,联系社会现实中的问题去模拟一些复杂的道德情境、设置道德两难的问题,引导、激发受教育者的思考和探讨。需要注意的是,在设计情境与问题时,应考虑到学生的年龄、经验、知识结构与接受能力,不能太过于简单,否则,就达不到教育的效果;也不能太过于复杂,让受教育者无法理解和消化。随着信息时代的到来,我们更要充分利用一切可利用的现代化手段来改进道德教育或德育的方法。

在个人功利至上的传统教育体系中,在相当程度上,教育成为了一些人提升社会地位、改变社会身份的跳板或敲门砖,学生的成绩或升学是学校及其教师、学生家庭、学生本人所关注的事情。在民主社会的责任教育体系中,情况发生了较大的变化。学校教育对社会的变化、对自身的道德使命应该清醒且明确,要依据社会对人才的需要和发展的要求,将道德的教育目的真正确立起来并逐步贯彻下去,即通过学校努力特别是通过学校的道德教育,培养与社会生活相适应的、为社会发展所需要的人,培养愿意参与社会生活并且能够在其中承担社会责任的公民,促使学生在学校中勤奋学习和掌握从事社会生产、进入社会生活、解决社会问题所必需的知识、技能和素质,为他们今后走上社会、步入职场、成为社会的合格成员以及终身的可持续发展做好坚实而充分的准备。具体而言,学校应该培养学生具备社会发展所需要的科学素质和民主素养,使学生在实践中形成良好的价值观、劳动态度和劳动习惯,使学生具有基础的科学素养和信息素养,使学生在社会生活中能劳动、善创造、愿奉献；学校还应该着眼于民主社会合格公民的培养，引导学生树立平等、尊重、自主、法治等意识，养成参与公共事务的习惯，锻炼学生表达、沟通的能力。应当说，不仅社会的快速发展而且学生个性的完善，都迫切要求把学校教育目的定位于培养全面承担社会责任的公民，也都迫切要求学校的各方面为实现这样的教育目的而共同努力。

在杜威看来，在社会转型中，教育和民主主义是不可分割的，民主主义要通过教育来传播，教育应当在民主平等的环境中进行。因此，他对传统学校中、传统的教学活动中教师往往作为“监督者”和“独裁统治者”的角色出现的现象明确表示反对，他认为，教师在教学活动中不应把自己的观念和某种道德原则采取强制和灌输的方式强加于学生，对道德问题应当以“探究、商量和讨论的方法代替强制和灌输”，这样做的目的不是要简单地使学生获得关于问题的“正确的答案”、简单地知道“去做什么”，而是要使学生经过探讨和思考，知道“如何决定去做什么”。这样不但可以培养学生的“民主”“合作”的精神，而且能够激发他们学习的内在动因，同时也避免或克服了传统教育的强制性。所以，教育者要清楚或明白道德教育实际上不是一个教师对学生进行教育教学的单向的过程，而是一个师生之间“互动”和“对话”的过程。既然这样，教育者就要在道德教育中主动与学生建立平等的朋友式的师生关系，以科学民主代替强制压制，以共同讨论代替简单灌输，通过各种有效的方式、采取各种恰当的方法向受教育者进行道德教育。比如，教师可以采用讨论、辩论、演讲等灵活多样、简便易行的方式，激发学生的学习热情和兴趣，让所有学生都参与进来、活跃起来；同时，教师也可放下身段，作为一个学习者置身其中，与学生一起讨论、一起交流，在这个过程中，可深入了解学生的思想、观点和兴趣，有针对性地促进学生在学习中提高明辨是非的能力，使他们的道德思维能力得到锻炼。

杜威认为，道德教育不是孤立的、单打一地进行的，也并没有作为学校教育之独立部分的道德教育，道德教育是融入学校教育之中的。因此，各个学科、各门课程都有道德教育的任务和内容，各位任课教师都要有道德教育或德育的意识和自觉，都应注意挖掘和利用学科中、教材中、课程中的道德教育或德育的资源和价值。杜威的这个思想尤其值得我们重视。事实上，就是在当今时代，无论从学生学习、生活的时间和空间来看，还是从道德教育或德育所取得的实际效果来看，学科教学、课程教学中的道德教育或德育都应视为学校教育包括道德教育的重要渠道。从更宏阔的视域、更大的范围来说，道德教育应该是无处不在、潜移默化的，它不能仅仅是学校班主任和辅导员的事情，也不能仅仅是学校领导和任课教师的事情，而是要在道德教育或德育的三个主要社会承载体即社会、学校、家庭三者之间形成整体的、综合的"合力"，它们是相互联系、相互配合、相互促进来开展的。《中共中央国务院关于进一步加强和改进未成年人思想道德建设的若干意见》指出："要建立健全学校、家庭、社会相结合的未成年人思想道德教育体系，使学校教育、家庭教育和社会教育相互配合、相互促进。"事实上，不仅未成年人思想道德教育体系应当这样，而且大学生思想道德教育体系也应当这样。只有实现这三者之间的协调运行和良性互动，建立起联动教育的网络和合力教育的体系，才能更加有效地巩固道德教育或德育的效果。

(3)注重将道德准则内化为个人主体的内在需求

过去，我们一些学校的道德教育或德育，一方面，对学生作为主体的道德判断能力的培养比较忽略，另一方面，对道德的生命和情感基础比较忽略，对学生道德情感的培养与引导比较忽视。从学校教育者来说，他们往往习惯于将每一次道德活动或道德训练视为一个个联系不多甚至孤立的片段,强调达到活动或训练既定的目标,而不大考虑受教育者在这个过程中经验的积累和再造。这就容易造成每一个活动或训练甚至每一种行为似乎都只是为达到某种目的而进行,而每一个目的又似乎是孤立和静止的,不能为进一步的活动、训练和行动提供指导的现象。例如,每年各个学校都会组织开展一些丰富多彩、声势不小的学雷锋活动。在活动结束后,有的学校的领导会简单地总结全校师生义务打扫了多少条街道,帮助了多少孤寡老人和下岗工人,仅此而已。今天来看,这样做是远远不够的。如果学校的道德教育或德育能通过这些活动多引导学生正确认识个人成就幸福与社会和谐发展之间的关系,把通过社会服务所获得的道德评价看作是对自己的一种奖赏,使个人从有利于他人、集体、社会的行为中赢得他人、集体和社会的接纳与认可,得到相应的荣誉与尊重,这有利于将道德规范、道德准则、道德要求内化为个人主体的意识、信念、需求,也有利于引导人们更积极、主动、自觉地投入服务他人、服务集体、服务社会的活动。应该说,道德最终的价值旨归和价值取向是高于私利的,作为社会的、理性的人的一种精神享受,道德能使个人的高远精神追求和内心精神世界得到极大的满足和无比的快乐。

(4)注重个体体验及实践,倡导知行统一

生活化的道德教育首先关注的就是受教育者的个体体验。杜威说:“儿童的社会生活是他的一切训练或生长的集中或相互联系的基础。”而道德教育的方法其实可以归纳为“儿童能力和兴趣发展的顺序问题”。他指出,在道德教育中一定要将受教育者置于首位。他始终把受教育者放在社会生活中来观察和认识,重视受教育者的本性的发展:“表达先于有意识的印象,肌肉的发育先于感官的发育,动作先于有意识的感觉……”重视受教育者的兴趣:“兴趣是生长中的能力的信号和象征”,更重视受教育者的情绪:“情绪是行动的反应……只要我们能够参照着真善美而获得行动和思想上的正确习惯，情绪大都是能够约束自己的。”这些说法未必周延和完善，但确实值得我们思考。

当我们的道德教育或德育仅仅囿于课堂、道德教育或德育方法比较单一而可能让学生难以接受时，我们可以从杜威的思想中获得一些启发：道德教育的方法决不能是简单地灌输式地照本宣科。在道德教育中，对于受教育者要给予充分的重视与肯定。孔子也说过要“因材施教”。道德教育的方法要符合受教育者的身心特点，能与其情感体验、行为体验相符合。面对一些特殊的受教育者，比如，曾受过情感创伤对社会抱有怀疑态度时，就更要联系到其特殊情况，努力深入其内心，给其以帮助，让其摆脱偏见。事实上，人正是因为不够完善，才离不开教育。正是因为不完善的人组成的一定历史条件下的社会也还不够十分美好，我们才需要持续地进行道德教育。能正视每个人在生活中的体验以及所积累的一些好或不好的经验教训，让道德教育或德育的内容能够符合实际并解决问题，才是道德教育的科学方法。

杜威非常注重道德教育“从做中学”，强调实践的重要意义。在杜威看来，社会生活本身就对人们具有明显的教育作用。他认为，“社会环境能通过个体的种种活动，塑造个人行为的智力的和情感的倾向”。他强调学校生活不能与社会生活脱节而应当融入社会生活，学校在道德教育或德育中应该注意更多地组织学生直接参与社会生活，积极开展道德实践教育活动。要以各种道德实践教育活动为载体，引导学生在其中去实践、去体验，让学生在实践中求效果、在体验中受教育，倡导并形成知与行的统一或结合。要在道德教育中防止空洞的说教和死板的教育形式，结合形势发展、教学特点和学生实际，精心设计、精心选择、精心运用教育教学载体，开展为学生所喜闻乐见、积极参与的活动，让学生在活动中受到教育、得到培养、增强思想道德素质。事实表明，让学生在实践中通过亲眼所见、亲耳所闻、亲身感受，增强他们的社会责任感和历史使命感,使他们在社会生活中受到应有的道德砥砺和道德训练,这历来是学生道德品质培养的一个有效途径。社会生活是广阔无比的,社会实践活动的具体形式是多种多样的,主要有参观访问、社会调查、参加生产劳动、社区服务、志愿服务、军训及多种兴趣活动,等等。学生通过参加这些社会实践活动,可以不断提高思想认识,坚定理想信念,丰富精神世界,磨炼坚强意志,形成良好习惯,以达到增强道德教育或德育的感染力、吸引力和针对性、实效性的目的。

# 结束语

约翰·杜威的研究范围涉及了艺术、知识、教育、哲学、道德、科学、宗教、心理等几乎人类经验的所有层面。他是一个伟大的人,一个举世闻名的哲学家和教育家,他的思想有着强烈的批判性与鲜明的时代性,既令人惊叹和敬佩,却又广受批评与误解。杜威生于19世纪中叶的美国,活动于19世纪末至20世纪中叶的美国,他的所思、所想、所做、所为必然是围绕着他的时代与他的国家的需要而展开的。杜威的道德教育思想无疑存在着一些问题和不足,这是我们应当清醒地看到并加以科学地剖析的。但是,如果简单地拿21世纪世界经济、文化、教育的发展以及中国社会现实的标准和要求去衡量他、分析他、评价他,这显然是不合理、不公平、不科学的。根据马克思主义的观点,每个人都会受到社会生活、历史条件、文化发展等的制约与影响,每个人的思想也必然会带有社会、历史与文化发展的局限性。我们不能苛求前人完全超越他们的局限性而提供今天的人们所需要的东西,我们更应该看到和关注前人在他们当时的历史条件下,在他们所研究的领域、所探讨的问题、所提出的对策等方面的突破性、创新性、前瞻性及其对后世、后人的启示与贡献。按照这样的观点和思路来看,杜威通过改造传统哲学进而改造教育和道德教育,使学校中的教育和道德教育获得了很大的发展,达到了在当时历史条件下这方面的探索和研究所能达到的新的高度,也对其后世的教育和道德教育产生了深远的影响。

对这一切,我们应当客观地、辩证地给予其充分的肯定和应有的评价。

今天,我们正在深入学习贯彻习近平总书记系列重要讲话精神,为实现“两个一百年”的奋斗目标和中华民族伟大复兴的中国梦而奋斗。我国的教育战线、教育领域也正在全面深化改革,发生巨大变化。结合今天形势和我国实际,研究杜威道德教育思想,对于我们正确地借鉴西方的道德教育思想、完善我国当代道德教育体系、推进中国特色社会主义思想道德建设,都具有重要的理论意义;而以史鉴今地思考我国当前道德教育理论与实践方面的成就与不足,积极进行探索与改进,这对于在新形势下承继我国家庭道德教育的优良传统,转换学校道德教育的内容模式,拓展社会道德教育的载体途径,等等,同样具有重要的实践意义。

本书以马克思主义和中国特色社会主义理论体系为指导,立足中国实际,采用科学方法,坚持求实态度,从理论与实践、历史与现实、宏观与微观的结合上,比较全面地阐述了杜威的道德教育思想,并具体分析了中国当前尤其是学校道德教育或德育方面存在的问题,深入探讨了杜威道德教育思想对我们今天开展道德教育的一些启示和借鉴。同时,也应该注意到,在经济全球化、政治多极化、文化多样化的过程中,在社会底蕴不同、文化差异较大、意识形态也不一样的东西方文化的交流和碰撞之中,对包括杜威道德教育思想在内的许多西方思想文化成果的研究与借鉴在实践的过程中一定会遇到很多困难和问题,需要在不断克服困难、逐步解决问题的实践中,进行更深和更广的探究与思考。

本书目前在对杜威道德教育思想的研究方面所取得的成果只是初步的、阶段性的。在本书写作过程中,参阅了一些相关的研究成果,谨向许多研究杜威思想的同人学者表示深深的敬意和谢意!由于作者水平有限,也由于作者所掌握的资料有限,本书难免存在一些不足之处。在这方面如同其他方面一样,我们也需要继续学习、继续尝试、继续研究,才能不断进步、不断改善、不断创新。

# 参考文献

【1】《马克思恩格斯选集》(第1—4卷),人民出版社2012年版。

【2】《马克思恩格斯全集》(第32卷),人民出版社1972年版。

【3】《列宁选集》(第1—4卷),人民出版社1995年版。

【4】《毛泽东选集》(第1—4卷),人民出版社1991年版。

【5】《邓小平文选》(第1—3卷),人民出版社1993年版、1994年版。

【6】《江泽民文选》(第1—3卷),人民出版社2006年版。

【7】《胡锦涛文选》(第1—3卷),人民出版社2016年版。

【8】《习近平谈治国理政》,外文出版社2014年版。

【9】中共中央宣传部:《习近平总书记系列重要讲话读本》(2016年版),学习出版社、人民出版社2016年版。

【10】【美】杜威:《学校社会——明日之学校》,赵祥麟等译,人民教育出版社1994年版。

【11】【美】约翰·杜威:《人的问题》,傅统先、邱椿译,江苏教育出版社2006年版。

【12】【美】杜威:《民主主义与教育》,王承绪译,人民教育出版社1990年版。

【13】【美】杜威:《哲学的改造》,张颖译,陕西人民出版社2004年版。

【14】【美】杜威:《杜威教育论著选》,赵祥麟、王承绪编译,华东师范大学出版社1981年版。

【15】【美】杜威:《我们怎样思维·经验与教育》,姜文闵译,人民教育出版社1991年版。

【16】【美】杜威:《道德教育原理》,王承绪等译,浙江教育出版社 2003 年版。

【17】【美】杜威:《新旧个人主义》,孙有中译,上海社会科学院出版社 1997 年版。

【18】【美】杜威:《道德学》,余家菊译,中华书局 1935 年版。

【19】【美】杜威:《杜威传》,单中慧编译,安徽教育出版社 1987 年版。

【20】【美】罗伯特 · B. 塔利斯:《杜威》,彭国华译,中华书局 2002 年版。

【21】【美】罗伯特 · 梅逊:《西方当代教育理论》,陆有铨译,文化教育出版社 1984 年版。

【22】【俄】加里宁:《论共产主义教育》,中国青年出版社 1979 年版。

【23】赵祥麟主编:《外国教育家评传》(第 2 卷),上海教育出版社 2003 年版。

【24】戚万学:《冲突与整合——20 世纪西方道德教育理论》,山东教育出版社 1995 年版。

【25】陈景磐:《杜威的道德教育思想批判》,湖北人民出版社 1957 年版。

【26】戚万学,杜时忠:《现代德育论》,山东教育出版社 1997 年版。

【27】褚洪启:《杜威教育思想引论》,湖南教育出版社 1997 年版。

【28】元青:《杜威与中国》,人民出版社 2001 年版。

【29】张斌贤:《社会转型与教育变革——美国进步主义教育运动研究》,湖南教育出版社 1998 年版。

【30】赵祥麟,王承绪编译:《杜威教育论著选》,华东师范大学出版社 1981 年版。

【31】冯增俊:《当代西方学校道德教育》,广东教育出版社 1993 年版。

【32】刘华初:《实用主义的基础——杜威经验自然主义研究》,人民出版社 2012 年版。

【33】鲁洁:《道德教育的当代论域》,人民出版社 2005 年版。

【34】胡适:《胡适学术文集》,中华书局 1998 年版。

【35】高德胜:《知性德育及其超越——现代德育困境研究》,教育科学出版社 2003 年版。

【36】魏英敏:《新伦理学教程》,北京大学出版社 2003 年版。

【37】孙彩平:《道德教育的伦理谱系》,人民出版社 2005 年版。

【38】陈万柏,张耀灿:《思想政治教育学原理》,教育出版社 2007 年版。

【39】陶行知:《中国教育改造》,东方出版社 1996 年版。

【40】陈怡:《经验与民主——杜威政治哲学基础研究》,复旦大学出版社 2002 年版。

【41】朱延华:《德育转型论》,中央文献出版社 2012 年版。

【42】张世英:《新哲学讲演录》,广西师范大学出版社 2004 年版。

【43】李玢:《关怀德育》,吉林人民出版社 2010 年版。

【44】杨艳春:《德育人本论》,中国人民大学出版社 2012 年版。

【45】肖北方:《教育学》,北京出版集团公司、北京出版社 2010 年版。

【46】冯文全:《道德教育原理》,北京师范大学出版社 2013 年版。

【47】刘炳元:《当代道德教育的价值危机与真实回归》,北京师范大学出版社 2011 年版。

【48】张威兴:《走向生活的学校德育》,上海教育出版社 2012 年版。

【49】孙学策:《德育需知》,现代教育出版社 2012 年版。

【50】董宝良,周洪宇:《中国近现代教育思潮与流派》,人民教育出版社 1997 年版。

【51】滕大春:《外国近代教育史》,人民教育出版社 1989 年版。

【52】郭元祥:《生活与德育》,华中师范大学出版社 2002 年版。

【53】陈如平:《效率与民主——美国现代教育管理思想研究》,教育科学出版社 2004 年版。

【54】孙有中:《美国精神的象征——杜威社会思想研究》,上海人民出版社 2002 年版。

【55】单中惠:《现代教育的探索——杜威与实用主义教育思想》,人民教育出版社 2002 年版。

【56】刘长海:《杜威德育思想与中国德育变革》,华中科技大学出版社 2008 年版。

【57】胡曲园等编:《哲学大词典》(马克思主义哲学卷),上海辞书出版社 1990 年版。

【58】欧阳康,张明仓:《在观念激荡与现实变革之间:马克思实践观的当代阐释》,中国人民大学出版社 2008 年版。

【59】叶汝贤等:《马克思主义实践哲学的现代解读》,社会科学文献出版社 2006 年版。

【60】刘放桐:《现代西方哲学》,人民出版社1981年版。

【61】黄楠森:《人学原理》,广西人民出版社2000年版。

【62】张耀灿等:《现代思想政治教育学》,人民出版社2001年版。

【63】郑永廷:《现代思想道德教育理论与方法》,广东高等教育出版社2000年版。

【64】陈立思:《当代世界的思想政治教育》,中国人民大学出版社1999年版。

【65】许启贤:《中国共产党思想政治教育史》,中国人民大学出版社2004年版。

【66】杨荣:《工业革命对美国城市化的影响》,《安庆师范学院学报》(社会科学版)2002年第5期。

【67】马兰:《杜威道德教育思想的理论渊源论析》,《学术研究》2012年第3期。

【68】石玉:《杜威的道德教育观对我国学校道德教育的启示》,《教学研究》2006年第2期。

【69】牛晓琴:《杜威道德构成"三部曲"论及其现实意义》,《长江大学学报》(社会科学版)2012年第1期。

【70】冯建军:《"德育与生活"关系之再思考——兼论"德育就是生活德育"》,《华中师范大学学报》(人文社会科学版)2012年第4期。

【71】黄凯:《社会转型期道德滑坡的原因探析》,《理论园地》2012年第4期。

【72】李志强:《杜威思想在我国百年传播史的实证分析》,《福建论坛》(人文社会科学版)2012年第8期。

【73】姜宁:《美国纪事本末》,《世界历史》1979年第7期。

【74】赵桂英:《杜威德育方法融入思想政治教育工作的路径探讨》,《工会论坛》2012年第3期。

【75】张曲兵:《试论杜威的实用主义道德教育思想》,《菏泽师范专科学校学报》2004年第1期。

【76】卜玉华:《我国道德教育变革脉络分析》,《中国教育学刊》2013第3期。

【77】刘万永:《北大再提"修身":成才先学做人》,《中国青年报》2001年第5期。

【78】金生鈜:《质疑建国以来的道德教育规训》,《教育理论与实践》2001年第8期。

【79】夏正江:《杜威教育目的论略》,《教育理论与实践》1994年第3期。

【80】冯建军:《主体道德教育与生活》,《教育研究》2002 年第 5 期。

【81】杜时忠:《当前学校德育面临的十大矛盾》,《当代教育论坛》2004 年第 12 期。

【82】高德胜:《生活德育简论》,《教育研究与实验》2002 第 3 期。

【83】扈中平:《教育目的应定位于培养“人”》,《北京大学教育评论》2004 年第 3 期。

【84】任钟印:《杜威简论》,《华中师范大学学报》(哲社版)1986 年第 6 期。

【85】李文阁:《回归生活世界——现代哲学的基本趋向》,《教学与研究》2000 年第 1 期。

【86】孙承叔:《关于生活世界的哲学思考》,《云南大学学报》(社会科学版)2007 年第 5 期。

【87】张华:《论道德教育向生活世界的回归》,《华东师范大学学报》(教育科学版)1998 年第 1 期。

【88】叶德明:《论生活世界视野中的思想政治教育》,《思想教育研究》2009 年第 10 期。

【89】张勇:《杜威教育理论中辩证法之我见》,《教育研究》1989 年第 2 期。

【90】郭湛:《论主体间性或交互主体性》,《中国人民大学学报》2001 年第 3 期。

【91】胡军良:《当代道德教育的三重理性进路》,《陕西师范大学学报》(哲学社会科学版)2010 年第 1 期。

【92】刘长海,杜时忠:《道德教育的广度批判:杜威德育思想及其启示》,《教育研究与实验》2004 年第 3 期。

【93】杨魁森:《生活世界转向与现代哲学革命》,《吉林大学社会科学学报》2007 年第 5 期。

【94】董重转:《以人为本:大学生思想政治教育的价值诉求》,《中国高等教育》2010 年第 3 期。

【95】扈中平:《教育目的中个人本位论与社会本位论的对立与历史统一》,《华南师范大学学报》(社会科学版)2000 年第 2 期。

【96】赵安民,董秀玲:《马克思主义人学视角下思想政治教育研究范式转换》,《思想教育研究》2012 年第 1 期。

【97】张澍军:《试论思想政治教育学科前沿的若干重大问题》,《马克思主义研究》2011 年第 1 期。

【98】冯刚:《交叉学科视野下思想政治教育的创新发展》,《思想理论教育导刊》2011 年第 11 期。

【99】陈勇,杜佳:《社会化媒体环境下公民意识教育对策研究》,《吉林大学社会科学学报》2015 年第 5 期。

【100】郑永廷:《论思想政治教育内涵、外延与规范》,《教学与研究》2014 年第 11 期。

【101】沈壮海:《论思想政治教育理论研究的新范式与新形态》,《思想理论教育导刊》2007 年第 2 期。

【102】胡凯:《生活世界视域中的思想政治教育》,《思想理论教育》2005 年第 17 期。